Kleiner und Großer Katechismus

MARTIN LUTHER

Kleiner und Großer Katechismus, M. Luther
Jazzybee Verlag Jürgen Beck
86450 Altenmünster, Loschberg 9
Deutschland

Druck: Createspace, North Charleston, SC, USA

ISBN: 9783849697426

www.jazzybee-verlag.de
www.facebook.com/jazzybeeverlag
admin@jazzybee-verlag.de

INHALT

Kleiner Katechismus 1
    Das erste Hauptstück - Die zehn Gebote 1
    Das zweite Hauptstück: Der Glaube 4
    Das dritte Hauptstück - Das Vaterunser 6
    Das vierte Hauptstück - Das Sakrament der heiligen Taufe 9
    Das fünfte Hauptstück: Das Sakrament des Altars 11
Großer Katechismus 13
    Eine christliche, heilsame und nötige Vorrede 13
    Vorrede 17
    Von der Taufe 19
    Vom Sakrament 19
Die zehn Gebote Gottes 20
    Das erste Gebot 20
    Das zweite Gebot 26
    Das dritte Gebot 30
    Das vierte Gebot 34
    Das fünfte Gebot 43
    Das sechste Gebot 46
    Das siebente Gebot 49
    Das achte Gebot 53
    Das neunte und zehnte Gebot 58
Der zweite Teil 65
    Der erste Artikel 66
    Der zweite Artikel 68
    Der Dritte Artikel 69

Der dritte Teil 75
    Die erste Bitte 79
    Die zweite Bitte 80
    Die dritte Bitte 82
    Die vierte Bitte 84
    Die fünfte Bitte 86
    Die sechste Bitte 87
    Die letzte Bitte 89
Der vierte Teil 91
    Von der Taufe 91
    Von dem Sakrament des Altars 100
    Eine kurze Vermahnung zu der Beicht 109

KLEINER KATECHISMUS

DAS ERSTE HAUPTSTÜCK - DIE ZEHN GEBOTE

Das erste Gebot

Ich bin der Herr, dein Gott. Du sollst nicht andere Götter haben neben mir.

(1) Was ist das?

Wir sollen Gott über alle Dinge fürchten, lieben und vertrauen.

Das zweite Gebot

Du sollst den Namen des Herrn, deines Gottes, nicht unnützlich führen; denn der Herr wird den nicht ungestraft lassen, der seinen Namen mißbraucht.

(2) Was ist das?

Wir sollen Gott fürchten und lieben, daß wir bei seinem Namen nicht fluchen, schwören, zaubern, lügen oder trügen, sondern denselben in allen Nöten anrufen, beten, loben und danken.

Das dritte Gebot

Du sollst den Feiertag heiligen.

(3) Was ist das?

Wir sollen Gott fürchten und lieben, daß wir die Predigt und sein Wort nicht verachten, sondern dasselbe heilig halten, gerne hören und lernen.

Das vierte Gebot

Du sollst deinen Vater und deine Mutter ehren, auf daß dir's wohlgehe und du lange lebest auf Erden.

(4) Was ist das?

Wir sollen Gott fürchten und lieben, daß wir unsere Eltern und Herren nicht verachten noch erzürnen, sondern sie in Ehren halten, ihnen dienen, gehorchen, sie lieb und wert haben.

Das fünfte Gebot

Du sollst nicht töten.

(5) Was ist das?

Wir sollen Gott fürchten und lieben, daß wir unseren Nächsten an seinem Leibe keinen Schaden noch Leid tun, sondern ihm helfen und fördern in allen Lebensnöten.

Das sechste Gebot

Du sollst nicht ehebrechen.

(6) Was ist das?

Wir sollen Gott fürchten und lieben, daß wir keusch und züchtig leben in Worten und Werken und ein jeglicher sein Gemahl lieben und ehren.

Das siebente Gebot

Du sollst nicht stehlen.

(7) Was ist das?

Wir sollen Gott fürchten und lieben, daß wir unsers Nächsten Geld oder Gut nicht nehmen noch mit falscher Ware oder Handel an uns bringen, sondern ihm sein Gut und Nahrung helfen bessern und behüten.

Das achte Gebot

Du sollst nicht falsch Zeugnis reden wider deinen Nächsten.

(8) Was ist das?

Wir sollen Gott fürchten und lieben, daß wir unsern Nächsten nicht fälschlich belügen, verraten, afterreden oder bösen Leumund machen, sondern sollen ihn entschuldigen, Gutes von ihm reden und alles zum besten kehren.

Das neunte Gebot

Du sollst nicht begehren deines Nächsten Haus.

(9) Was ist das?

Wir sollen Gott fürchten und lieben, daß wir unserm Nächsten nicht mit List nach seinem Erbe oder Hause stehen und mit einem Schein des Rechts an uns bringen, sondern ihn dasselbe zu behalten förderlich und dienstlich sein.

Das zehnte Gebot

Du sollst nicht begehren deines Nächsten Weib, Knecht, Magd, Vieh oder alles, was sein ist.

(10) Was ist das?

Wir sollen Gott lieben und fürchten, daß wir unserm Nächsten nicht sein Weib, Gesinde oder Vieh abspannen, abdringen oder abwendig machen, sondern dieselben anhalten, daß sie bleiben und tun, was sie schuldig sind.

(11) Was sagt nun Gott zu diesen Geboten allen?

Er sagt also: Ich, der Herr, dein Gott, bin ein eifriger Gott, der über die, so mich hassen, die Sünde der Väter heimsucht an den Kindern bis ins dritte und vierte Glied; aber denen, so mich lieben und meine Gebote halten, tue ich wohl in tausend Glied.

(12) Was ist das?

Gott dräuet (=drohet) zu strafen alle, die diese Gebote übertreten; darum sollen wir uns fürchten vor seinem Zorn und nicht wider solche Gebote tun. Er verheißet aber Gnade und alles Gute allen, die solche Gebote halten; darum sollen wir ihn auch lieben und vertrauen und gerne tun nach seinen Geboten.

DAS ZWEITE HAUPTSTÜCK: DER GLAUBE

Der erste Artikel - Von der Schöpfung

Ich glaube an Gott, den Vater, den Allmächtigen, den Schöpfer des Himmels und der Erde.

(13) Was ist das?

Ich glaube, daß mich Gott geschaffen hat samt allen Kreaturen mir Leib und Seele, Augen, Ohren und alle Glieder, Vernunft und alle Sinne gegeben hat und noch erhält; dazu Kleider und Schuh, Essen und Trinken, Haus und Hof, Weib und Kind, Acker, Vieh und alle Güter; mit aller Notdurft und Nahrung dieses Leibes und Lebens mich reichlich und täglich versorget, wider alle Fährlichkeit beschirmet und vor allem Übel behütet und bewahret; und das alles aus lauter väterlicher, göttlicher Güte und Barmherzigkeit, ohn all mein Verdienst und Würdigkeit; daß alles ich ihm zu danken und zu loben und dafür zu dienen und gehorsam zu sein schuldig bin.

Das ist gewißlich wahr.

Der zweite Artikel - Von der Erlösung

Und an Jesus Christus, seinen eingeborenen Sohn, unsern Herrn, empfangen durch den Heiligen Geist, geboren von der Jungfrau Maria, gelitten unter Pontius Pilatus, gekreuzigt, gestorben und begraben, hinabgestiegen in das Reich des Todes, am dritten Tage auferstanden von den Toten, aufgefahren in den Himmel, er sitzt zur Rechten Gottes, des allmächtigen Vaters; von dort wird er kommen, zu richten die Lebenden und die Toten.

(14) Was ist das?

Ich glaube, daß Jesus Christus, wahrhaftiger Gott vom Vater in Ewigkeit geboren, und auch wahrhaftiger Mensch von der Jungfrau Maria geboren, sei mein Herr, der mich verlornen und verdammten Menschen erlöset hat, erworben, gewonnen von allen Sünden, vom Tode und von der Gewalt des Teufels; nicht mit Gold und Silber, sondern mit seinem heiligen, teuren Blut und mit seinem unschuldigen Leiden und Sterben; auf daß ich sein eigen sei und in seinem Reich unter ihm lebe und ihm diene in ewiger Gerechtigkeit, Unschuld und Seligkeit, gleichwie er ist auferstanden vom Tode, lebet und regieret in Ewigkeit.

Das ist gewißlich wahr.

Der dritte Artikel - Von der Heiligung

Ich glaube an den Heiligen Geist, die heilige christliche Kirche, Gemeinschaft der Heiligen, Vergebung der Sünden, Auferstehung der Toten und das ewige Leben.

Amen

(15) Was ist das?

Ich glaube, daß ich nicht aus eigener Vernunft noch Kraft an Jesus Christus, meinen Herrn, glauben oder zu ihm kommen kann; sondern der Heilige Geist hat mich durch das Evangelium berufen, mit seinen Gaben erleuchtet, im rechten Glauben geheiligt und erhalten; gleichwie er die ganze Christenheit auf Erden beruft, sammelt, erleuchtet, heiliget und bei Jesus Christus erhält im rechten, einigen Glauben; in welcher Christenheit er mir und allen Gläubigen täglich alle Sünden reichlich vergibt und am Jüngsten Tag mich und alle Toten auferwecken wird und mir samt allen Gläubigen in Christus ein ewiges Leben geben wird.

Das ist gewißlich wahr.

DAS DRITTE HAUPTSTÜCK - DAS VATERUNSER

(→ Mt 6,9-13; Lk 11,2-4) Die Anrede

Vater unser im Himmel

(16) Was ist das? Gott will damit uns locken, daß wir glauben sollen, er sei unser rechter Vater und wir seine rechten Kinder, auf daß wir getrost und mit aller Zuversicht ihn bitten sollen, wie die lieben Kinder ihren lieben Vater.

Die erste Bitte

Geheiligt werde dein Name.

(17) Was ist das?

Gottes Name ist zwar an sich selbst heilig; aber wir bitten in diesem Gebet, daß er auch bei uns heilig werde.

(18) Wie geschieht das?

Wo das Wort Gottes lauter und rein gelehrt wird und wir auch heilig, als die Kinder Gottes, danach leben. Dazu hilf uns, lieber Vater im Himmel. Wer aber anders lehret und lebet, denn das Wort Gottes lehret, der entheiligt unter uns den Namen Gottes. Davor behüte und, himmlischer Vater!

Die zweite Bitte

Dein Reich komme.

(19) Was ist das?

Gottes Reich kommt wohl ohne unser Gebet von sich selbst; aber wir bitten in diesem Gebet, daß es auch zu uns komme.

(20) Wie geschieht das?

Wenn der himmlische Vater uns seinen Heiligen Geist gibt, daß wir seinem heiligen Wort durch seine Gnade glauben und göttlich leben, hier zeitlich und dort ewiglich.

Die dritte Bitte

Dein Wille geschehe wie im Himmel so auf Erden.

(21) Was ist das?

Gottes guter, gnädiger Wille geschieht wohl ohne unser Gebet; aber wir bitten in diesem Gebet, daß er auch bei uns geschehe.

(22) Wie geschieht das?

Wenn Gott allen bösen Rat und Willen bricht und hindert, so uns den Namen Gottes nicht heiligen und sein Reich nicht kommen lassen wollen, als da ist des Teufels, der Welt und unsers Fleisches Wille; sondern stärket und behält uns fest in seinem Wort und Glauben bis an unser Ende. Das ist sein gnädiger, guter Wille.

Die vierte Bitte

Unser tägliches Brot gib uns heute.

(23) Was ist das?

Gott gibt täglich Brot, auch wohl ohne unsere Bitte, allen bösen Menschen; aber wir bitten in diesem Gebet, daß er's uns erkennen lasse und wir mit Danksagung empfangen unser täglich Brot.

(24) Was heißt denn täglich Brot?

Alles, was zur Leibes Nahrung und Notdurft gehört, wie Essen, Trinken, Kleider, Schuh, Haus, Hof, Acker, Vieh, Geld, Gut, fromm Gemahl, fromme Kinder, fromm Gesinde, fromme und treue Oberherren, gut Regiment, gut Wetter, Friede, Gesundheit, Zucht, Ehre, gute Freunde, getreue Nachbarn und desgleichen.

Die fünfte Bitte

Und vergib uns unsere Schuld, wie auch wir vergeben unsern Schuldigern.

(25) Was ist das?

Wir bitten in diesem Gebet, daß der Vater im Himmel nicht ansehen wolle unsere Sünden und um derselben willen solche Bitten nicht versagen;

denn wir sind der keines wert, das wir bitten, haben's auch nicht verdient; sondern er wolle es uns alles aus Gnaden geben, denn wir täglich viel sündigen und wohl eitel Strafe verdienen. So wollen wir wiederum auch herzlich vergeben und gerne wohltun denen, die sich an uns versündigen.

Die sechste Bitte

Und führe uns nicht in Versuchung

(26) Was ist das?

Gott versucht zwar niemand; aber wir bitten in diesem Gebet, daß uns Gott wolle behüten und erhalten, auf daß uns der Teufel, die Welt und unser Fleisch nicht betrüge und verführe in Mißglauben, Verzweiflung und andere große Schande und Laster; und ob wir damit angefochten würden, daß wir doch endlich gewinnen und den Sieg behalten.

Die siebente Bitte

Sondern erlöse uns von dem Bösen

(27) Was ist das?

Wir bitten in diesem Gebet als in der Summa, daß uns der Vater im Himmel von allerlei Übel an Leib und Seele, Gut und Ehre erlöse und zuletzt, wenn unser Stündlein kommt, ein seliges Ende beschere und mit Gnaden von diesem Jammertal zu sich nehme in den Himmel.

Der Beschluß

Denn dein ist das Reich und die Kraft und die Herrlichkeit in Ewigkeit. Amen.

(28) Was heißt Amen?

Daß ich soll gewiß sein, solche Bitten sind dem Vater im Himmel angenehm und erhöret. Denn er selbst hat uns geboten, also zu beten, und verheißen, daß er uns will erhören. Amen, Amen, das heißt: Ja, ja, es soll also geschehen.

DAS VIERTE HAUPTSTÜCK - DAS SAKRAMENT DER HEILIGEN TAUFE

Zum Ersten

(29) Was ist die Taufe?

Die Taufe ist nicht allein schlicht Wasser, sondern sie ist das Wasser in Gottes Gebot gefaßt und mit Gottes Wort verbunden.

(30) Welches ist denn solch Wort Gottes?

Da unser Herr Christus spricht bei Matthäus im letzten Kapitel: Gehet hin in alle Welt, lehret alle Völker und taufet sie im Namen des Vaters und des Sohnes und des Heiligen Geistes.

(→ Mt 28,18-20)

Zum andern

(31) Was gibt oder nützt die Taufe?

Sie wirkt Vergebung der Sünden, erlöset vom Tode und Teufel und gibt die ewige Seligkeit allen, die es glauben, wie die Worte und Verheißung Gottes lauten.

(32) Welches sind denn solche Worte und Verheißung Gottes?

Das unser Herr Christus spricht bei Markus im letzten Kapitel: Wer da glaubet und getauft wird, der wird selig werden; wer aber nicht glaubet, der wir verdammet werden.

(→ Mk 16,16)

Zum dritten

(33) Wie kann Wasser solch große Dinge tun?

Wasser tut's freilich nicht, sondern das Wort Gottes, so mit und bei dem Wasser ist, und der Glaube, so solchem Worte Gottes im Wasser trauet. Denn ohne Gottes Wort ist das Wasser schlicht Wasser und keine Taufe; aber mit dem Worte Gottes ist's eine Taufe, das ist ein gnadenreich Wasser des Lebens und ein Bad der neuen Geburt im Heiligen Geist, wie Paulus sagt zu Titus im dritten Kapitel: Gott macht uns selig durch das Bad der Wiedergeburt und Erneuerung des Heiligen Geistes, welchen er ausgegossen hat über uns reichlich durch Jesus Christus, unsern Heiland, auf daß wir durch desselben Gnade gerecht und Erben seine des ewigen Lebens nach der Hoffnung. (→ Tit 3,5)

Das ist gewißlich wahr.

Zum vierten

(34) Was bedeutet denn solch Wassertaufen?

Es bedeutet, daß der alte Adam in uns durch tägliche Reue und Buße soll ersäuft werden und sterben mit allen Sünden und bösen Lüsten; und wiederum täglich herauskommen und auferstehen ein neuer Mensch, der in Gerechtigkeit und Reinigkeit vor Gott ewiglich lebe.

(35) Wo steht das geschrieben?

Der Apostel Paulus spricht zu den Römern im sechsten Kapitel: Wir sind samt Christus durch die Taufe begraben in den Tod, auf daß, gleichwie Christus ist von den Toten auferweckt durch die Herrlichkeit des Vaters, also sollen auch wir in einem neuen Leben wandeln.

(→ Röm 6,4)

Der Taufbund

Ich entsage dem Teufel und allen seinen Werken und allem seinem Wesen und ergebe mich dir, du dreieiniger Gott, Vater, Sohn und Heiliger Geist, im Glauben und Gehorsam Dir treu zu sein bis an mein letztes Ende.

DAS FÜNFTE HAUPTSTÜCK: DAS SAKRAMENT DES ALTARS ODER DAS HEILIGE ABENDMAHL

Zum ersten

(42) Was ist das Sakrament des Altars?

Es ist der wahre Leib und Blut unseres Herrn Jesus Christus, unter dem Brot und Wein uns Christen zu essen und zu trinken von Christus selbst eingesetzt.

(43) Wo steht das geschrieben?

So schreiben die heiligen Evangelisten Matthäus, Markus, Lukas und der Apostel Paulus: Unser Herr Jesus Christus, in der Nacht, da er verraten ward, nahm er das Brot, dankte und brach's und gab's seinen Jüngern und sprach: Nehmet hin und esset: Das ist mein Leib, der für euch gegeben wird; solches tut zu meinem Gedächtnis. Desselbigengleichen nahm er auch den Kelch nach dem Abendmahl, dankte und gab ihnen den und sprach: Nehmet hin und trinket alle daraus: Dieser Kelch ist das neue Testament in meinem Blut, das für euch vergossen wird zur Vergebung der Sünden; solches tut, so oft ihr's trinket, zu meinem Gedächtnis.

(→ Mt 26,26-28)

(→ Mk 14,22-24)

(→ Lk 22,19-20)

(→ 1.Kor 11,23-25)

Zum anderen

(44) Was nützt denn solch Essen und Trinken?

Das zeigen uns diese Worte: Für euch gegeben und vergossen zur Vergebung der Sünden. Nämlich, daß uns im Sakrament Vergebung der Sünden, Leben und Seligkeit durch solche Worte gegeben wird, denn wo Vergebung der Sünden ist, da ist auch Leben und Seligkeit.

Zum dritten

(45) Wie kann leiblich Essen und Trinken solch große Dinge tun?

Essen und Trinken tut's freilich nicht, sondern die Worte, so da stehen: Für euch gegeben und vergossen zur Vergebung der Sünden. Diese Worte sind neben dem leiblichen Essen und Trinken das Hauptstück im Sakrament. Und wer denselben Worten glaubt, der hat, was sie sagen und wie sie lauten, nämlich: Vergebung der Sünden.

Zum vierten

(46) Wer empfängt denn solch Sakrament würdiglich?

Fasten und leiblich sich bereiten ist wohl eine feine äußerliche Zucht; aber der ist recht würdig und wohl geschickt, wer den Glauben hat an diese Worte: Für euch gegeben und vergossen zur Vergebung der Sünden; wer aber diesen Worten nicht glaubt oder zweifelt, der ist unwürdig und ungeschickt; denn das Wort für euch fordert eitel gläubige Herzen.

Der Morgensegen

Das walte Gott Vater, Sohn und Heiliger Geist. Amen. Ich danke dir, mein himmlischer Vater, durch Jesus Christus, deinen lieben Sohn, daß du mich diese Nacht vor allem Schaden und Gefahr behütet hast, und bitte dich, du wollest mich diesen Tag auch behüten vor Sünden und allem Übel, daß dir all mein Tun und Leben gefalle. Denn ich befehle mich, meinen Leib und Seele und alles in deine Hände. Dein heiliger Engel sei mit mir, daß der böse Feind keine Macht an mir finde. Amen.

Der Abendsegen

Das walte Gott Vater, Sohn und Heiliger Geist. Amen. Ich danke dir, mein himmlischer Vater, durch Jesus Christus, deinen lieben Sohn, daß du mich diesen Tag gnädiglich behütet hast, und bitte dich, du wollest mir vergeben alle meine Sünden, wo ich unrecht getan habe, und mich diese Nacht gnädiglich behüten. Denn ich befehle mich, meinen Leib und Seele und alles in deine Hände. Dein heiliger Engel sei mit mir, daß der böse Feind keine Macht an mir finde. Amen.

GROßER KATECHISMUS

EINE CHRISTLICHE, HEILSAME UND NÖTIGE VORREDE

und treue, ernstliche Vermahnung D. Martin Luthers an alle Christen, sonderlich aber an alle Pfarrherrn und Prediger, dass sie sich täglich im Katechismus, so der ganzen heiligen Schrift eine kurze Summa und Auszug ist, wohl üben und immer treiben sollen usw.

Dass wir den Katechismus so sehr treiben und zu treiben beide begehren und bitten, haben wir nicht geringe Ursache, dieweil wir sehen, dass leider viel Pfarrherrn und Prediger hierin sehr säumig sind und verachten beides, ihr Amt und diese Lehre, etliche aus großer hoher Kunst, etliche aber aus lauter Faulheit und Bauchsorge, welche sich nicht anders zur Sache stellen, denn als wären sie um ihres Bauches willen Pfarrherrn oder Prediger und müßten nichts tun, denn der Güter gebrauchen, solange sie leben; wie sie unter dem Papsttum gewohnt.

Und wiewohl sie alles, was sie lehren und predigen sollen, jetzt so reichlich, klar und leicht vor sich haben in so viel heilsamen Büchern, und wie sie es vorzeiten hießen, die rechten Sermones per se loquentes, Dormi secure, Paratos et Thesauros, dennoch sind sie nicht so fromm und redlich, dass sie solche Bücher kauften, oder wenn sie dieselben gleich haben, dennoch nicht ansehen noch lesen. Ah das sind zumal schändliche Freßlinge und Bauchdiener, die billiger Sauhirten oder Hundeknechte sein sollten denn Seelwärter und Pfarrherrn!

Und dass sie doch so viel täten, weil sie des unnützen, schweren Geschwätzes der sieben Gezeiten nun los sind, anstatt derselben morgens, mittags und abends etwa ein Blatt oder zwei aus dem Katechismus, Betbüchlein, Neuen Testament oder sonst aus der Bibel zu lesen und ein Vaterunser für sich und ihre Pfarrkinder zu beten, auf dass sie doch dem Evangelio wiederum eine Ehre und Dank erzeigten, durch welches sie denn so von mancherlei Lasten und Beschwerungen erledigt sind, und sich ein wenig schämten, dass sie gleichwie die Säue und Hunde nicht mehr vom Evangelio behalten denn solche faule, schädliche, schändliche, fleischliche Freiheit. Denn der Pöbel achtet leider ohne das allzu geringe des Evangelii, und wir richten nichts Sonderliches aus, wenn wir gleich allen Fleiß anwenden; was sollts denn tun, wenn wir lässig und faul sein wollen, wie wir unter dem Papsttum gewesen sind?

Über das schlägt mit zu das schändliche Laster und heimliche, böse Geschmeiß der Sicherheit und Überdruß, dass viele meinen, der Katechismus sei eine schlechte, geringe Lehre, welche sie mit einemmal überlesen und dann alsobald können, das Buch in Winkel werfen und gleich sich schämen, mehr drinnen zu lesen. ja man findet wohl etliche Rülzen und Filze auch unter dem Adel, die vorgeben, man bedürfe hinfort weder Pfarrherrn noch Prediger, man habs in Büchern und könne es von selber wohl lernen, und lassen auch die Pfarren getrost fallen und verwüsten, dazu beide, Pfarrherrn und Prediger, weidlich Not und Hunger leiden; wie sich denn gebührt zu tun den tollen Deutschen. Denn wir Deutschen haben solch schändliches Volk und müssens leiden.

Das sage ich aber für mich. Ich bin auch ein Doktor und Prediger, ja so gelehrt und erfahren, als die alle sein mögen, die solche Vermessenheit und Sicherheit haben. Dennoch tue ich wie ein Kind, das man den Katechismus lehrt, und lese und spreche auch von Wort zu Wort des Morgens, und wenn ich Zeit habe, die zehn Gebote, Glauben, das Vaterunser, Psalmen usw. Und muss noch täglich dazu lesen und studieren und kann dennoch nicht bestehen, wie ich gerne wollte, und muss ein Kind und Schüler des Katechismus bleiben und bleibs auch gerne. Und diese zarten, ekeln Gesellen wollen mit einem Überlesen flugs Doktor über alle Doktor sein, alles können und nichts mehr bedürfen. Wohlan solches ist auch ein gewisses Anzeichen, dass sie beides, ihr Amt und des Volkes Seelen, ja dazu Gott und sein Wort verachten und brauchen nicht erst fallen, sondern sind schon allzu gräulich gefallen; bedürften wohl, dass sie Kinder würden und das ABC anfingen zu lernen, das sie meinen längst an den Schuhen zerrissen zu haben.

Derhalben bitte ich solche faulen Wänste oder vermessenen Heiligen, sie wollten sich um Gottes willen bereden lassen und glauben, dass sie wahrlich, wahrlich nicht so gelehrt und hohe Doctores sind, als sie sich lassen dünken, und nimmermehr gedenken, dass sie dieses Stück ausgelernt haben oder allerdings genug wissen; ob sie es gleich dünkt, dass sie es allzuwohl können. Denn ob sie es gleich allerdings aufs allerbeste wüssten und könnten (was doch nicht möglich ist in diesem Leben), so ist doch mancherlei Nutz und Frucht dahinten, so mans täglich liest und übt mit Gedanken und Reden, nämlich dass der heilige Geist bei solchem Lesen, Reden und Gedenken gegenwärtig ist und immer neue und mehr Licht und Andacht dazu gibt, dass es immerdar besser und besser schmeckt und eingeht, wie Christus auch verheißt Mt 18,20: Wo zwei oder drei in meinem Namen versammelt sind, da bin ich in ihrer Mitte.

Dazu hilfts über die Maßen gewaltig wider den Teufel, Welt, Fleisch und alle böse Gedanken, so man mit Gottes Wort umgeht, davon redet und dichtet," dass auch der erste Psalm selig preist die, so Tag und Nacht vom Gesetze Gottes handeln. Ohne Zweifel wirst du keinen Weihrauch oder andere Geräuche stärker wider den Teufel anrichten, denn so du mit Gottes Geboten und Worten umgehst, davon redest, singst oder denkst. Das ist freilich das rechte Weihwasser und Zeichen, davor er flieht und damit er sich jagen lässt.

Nun solltest du doch ja allein um deswillen solche Stücke gern lesen, reden, denken und handeln, wenn du sonst keine andere Frucht und Nutzen davon hättest, denn dass du den Teufel und böse Gedanken damit kannst verjagen, denn er kann Gottes Wort nicht hören noch leiden; und Gottes Wort ist nicht wie ein anderes loses Geschwätze wie von Dietrich von Bern usw., sondern, wie S. Paulus Röm.1,16 sagt, eine Kraft Gottes; ja freilich eine Kraft Gottes, die dem Teufel das gebrannte Leid antut und uns über die Maßen stärkt, tröstet und hilft.

Und was soll ich viel sagen? Wo ich allen Nutzen und Frucht sollte erzählen, so Gottes Wort wirkt, wo wollte ich Papier und Zeit genug nehmen? Den Teufel heißt man Tausendkünstler; wie will man aber Gottes Wort heißen, das solchen Tausendkünstler mit aller seiner Kunst und Macht verjagt und zunichte macht? Es muss freilich mehr denn hundert Tausendkünstler sein, und wir sollten solche Macht, Nutz, Kraft und Frucht so leichtfertiglich verachten, sonderlich die wir Pfarrherrn und Prediger sein wollen? So sollte man uns doch nicht allein nicht zu fressen geben, sondern auch mit Hunden aushetzen und mit Lungen auswerfen, weil wir des alles nicht allein täglich bedürfen wie des täglichen Brotes, sondern auch täglich haben müssen wider das tägliche und unruhige Anfechten und Lauern des tausendkünstigen Teufels.

Und ob solches nicht genug wäre zur Vermahnung, den Katechismus täglich zu lesen, so sollte doch uns allein genugsam zwingen Gottes Gebot, welcher 5. Mose 6,7ff. ernstlich gebietet, dass man soll sein Gebot sitzend, gehend, stehend, liegend, aufstehend immer bedenken und gleich als ein stetiges Mal und Zeichen vor Augen und in Händen haben. Ohne Zweifel wird er solches umsonst nicht so ernstlich heißen und fordern, sondern weil er weiß unsere Gefahr und Not, dazu der Teufel stetiges und wütiges Stürmen und Anfechtung, will er uns davor warnen, rüsten und bewahren, als mit gutem Harnisch wider ihre feurigen Pfeile, Eph. 6,16, und mit guter Arznei wider ihr giftiges, böses Geschmeiß und Eingeben. O welche tolle, unsinnige Narren sind wir, dass wir unter solchen mächtigen Feinden, als die Teufel sind, wohnen oder herbergen je müssen und wollen dazu unsere Waffen und Wehre verachten und faul sein, dieselbigen anzusehen oder dran zu gedenken!

Und was tun solche überdrüssige, vermessene Heiligen, so nicht mögen oder wollen den Katechismus täglich lesen und lernen, denn dass sie sich selbst viel gelehrter halten, denn Gott selbst ist mit allen seinen heiligen Engeln, Propheten, Aposteln und allen Christen. Denn weil sich Gott selbst nicht schämt täglich zu lehren, als der nichts Besseres wisse zu lehren, und immer solches einerlei lehrt und nichts Neues noch anders vornimmt, und alle Heiligen nichts Bessers noch anders wissen zu lernen und nicht können auslernen; sind wir denn nicht die allerfeinsten Gesellen, die wir uns lassen dünken, wenn wirs einmal gelesen und gehört haben, dass wirs alles können und nicht mehr zu lesen noch lernen brauchen, und können das auf eine Stunde auslernen, das Gott selbst nicht kann auslehren; so er doch daran lehrt von Anfang der Welt bis zu Ende, und alle Propheten samt allen Heiligen daran zu lernen gehabt und noch immer Schüler sind geblieben und noch bleiben müssen.

Denn das muss ja sein: wer die zehn Gebote wohl und gar kann, dass der muss die ganze Schrift können, dass er könne in allen Sachen und Fällen raten, helfen, trösten, urteilen, richten beides, geistliches und weltliches Wesen, und möge sein ein Richter über alle Lehre, Stände, Geister, Recht und was in der Welt sein mag. Und was ist der ganze Psalter denn eitel Gedanken und Übung des ersten Gebots? Nun weiß ich ja fürwahr, dass solche faulen Bäuche und vermessenen Geister nicht einen Psalmen verstehen, geschweige denn die ganze heilige Schrift, und wollen den Katechismus wissen und verachten, welcher der ganzen heiligen Schrift kurzer Auszug und Abschrift ist.

Darum bitte ich abermals alle Christen, sonderlich die Pfarrherrn und Prediger, sie wollen nicht zu früh Doctores sein und alles zu wissen sich dünken lassen - es geht an Dünken und gespanntem Tuch viel ab -, sondern sich täglich wohl drinnen üben und immer treiben, dazu mit aller Sorge und Fleiß sich vorsehen vor dem giftigen. Geschmeiß solcher Sicherheit oder Dünkelmeister, sondern stetig anhalten, beides, mit Lesen, Lehren, Lernen, Denken und Dichten, und nicht also ablassen, bis so lang sie erfahren und gewiss werden, dass sie den Teufel tot gelehrt und gelehrter geworden sind, denn Gott selber ist und alle seine Heiligen.

Werden sie solchen Fleiß tun, so will ich ihnen zusagen, und sie sollens auch innewerden, welche Frucht sie erlangen werden und wie feine Leute Gott aus ihnen machen wird, dass sie mit der Zeit selbst fein bekennen sollen, dass je länger und mehr sie den Katechismus treiben, je weniger sie davon wissen und je mehr sie daran zu lernen haben, und wird ihnen, als den Hungrigen und Durstigen, dann allererst schmecken, was sie jetzt vor großer Fülle und Überdruss nicht riechen mögen. Da gebe Gott seine Gnade zu! Amen.

VORREDE

Diese Predigt ist dazu geordnet und angefangen, dass es sei ein Unterricht für die Kinder und Einfältigen. Darum sie auch von alters her auf griechisch heißt Katechismus, das ist eine Kinderlehre, so ein jeglicher Christ zur Not wissen soll, also dass wer solches nicht weiß, nicht könnte unter die Christen gezählt und zu keinem Sakrament zugelassen werden. Gleichwie man einen Handwerksmann, der seines Handwerks Recht und Gebrauch nicht weiß, auswirft und für untüchtig hält. Derhalben soll man junge Leute die Stücke, so in den Katechismus oder Kinderpredigt gehören, wohl und fertig lernen lassen und mit Fleiß darin üben und treiben. Darum auch ein jeglicher Hausvater schuldig ist, dass er zum wenigstens die Woche einmal seine Kinder und Gesinde umfrage und verhöre, was sie davon wissen oder lernen, und wo sie es nicht können, mit Ernst dazu halte. Denn ich denke wohl der Zeit, ja es begibt sich noch täglich, dass man grobe, alte, betagte Leute findet, die hiervon gar nichts gewusst haben oder noch wissen, gehen doch gleichwohl zur Taufe und Sakrament und brauchen alles, was die Christen haben; so doch, die zum Sakrament gehen, billig mehr wissen und völligern Verstand aller christlichen Lehre haben sollen denn die Kinder und neuen Schüler; wiewohl wirs für den Gemeinden Haufen bei den drei Stücken bleiben lassen, so von alters her in der Christenheit geblieben sind, aber wenig recht gelehrt und getrieben, so lange, bis man sich in denselben wohl übe und geläufig werde, - beide, jung und alt, was Christen heißen und sein will; und sind nämlich diese:

Zum ersten: Die zehn Gebote Gottes

Du sollst keine anderen Götter haben neben mir.
Du sollst den Namen Gottes nicht vergeblich führen.
Du sollst den Feiertag heiligen.
Du sollst Vater und Mutter ehren.
Du sollst nicht töten.
Du sollst nicht ehebrechen.
Du sollst nicht stehlen.
Du sollst kein falsches Zeugnis reden wider deinen Nächsten.
Du sollst nicht begehren deines Nächsten Haus.
Du sollst nicht begehren seines Weibes, Knecht, Magd, Vieh oder was sein ist.

Zum andern: Die Hauptartikel unsers Glaubens

Ich glaube an Gott Vater, allmächtigen, Schöpfer Himmels und der Erden.

Und an Jesum Christum, seinen einigen Sohn, unsern Herrn, der empfangen ist von dem heiligen Geist, geboren aus Maria der Jungfrau, gelitten hat unter Pontio Pilato, gekreuzigt, gestorben und begraben, ist niedergefahren zur Hölle, am dritten Tage wieder auferstanden von den Toten, aufgefahren gen Himmel, sitzend zur rechten Hand Gottes, des allmächtigen Vaters, von dannen zukünftig zu richten die Lebendigen und Toten.

Ich glaube an den heiligen Geist, eine heilige christliche Kirche, Gemeinschaft der Heiligen, Vergebung der Sünden, Auferstehung des Fleisches und ein ewiges Leben. Amen.

Zum dritten: Das Gebet oder Vaterunser, so Christus gelehrt hat

Vater unser, der du bist im Himmel. Geheiligt werde dein Name. Zukomme dein Reich. Dein Wille geschehe, als im Himmel, auch auf Erden. Unser täglich Brot gib uns heute. Und erlasse uns unsere Schuld, als wir erlassen unsern Schuldigern. Und führe uns nicht in Versuchung. Sondern erlöse uns vom Übel. Amen.

Das sind die nötigsten Stücke, die man zum ersten lernen muss von Wort zu Wort vorzählen. Und soll die Kinder dazu gewöhnen täglich, wenn sie des Morgens aufstehen, zu Tisch gehen und sich abends schlafen legen, dass sie es müssen aufsagen, und ihnen nicht zu essen noch zu trinken geben, sie hättens denn gesagt. Desgleichen ist auch ein jeglicher Hausvater schuldig, es mit dem Gesinde, Knecht und Mägden zu halten, dass er sie nicht bei sich halte, wo sie es nicht können oder lernen wollen. Denn es ist mit nichten zu leiden, dass ein Mensch so roh und wild sei und solches nicht lerne, weil in diesen drei Stücken kürzlich, gröblich und aufs einfältigste verfasst ist alles, was wir in der Schrift haben; denn die lieben Väter oder Apostel (wer sie gewesen sind) haben also in eine Summa gestellt, was der Christen Lehre, Leben, Weisheit und Kunst sei. wovon sie reden und handeln und womit sie umgehen.

Wenn nun diese drei Stücke gefasst sind, gehört sich auch, dass man wisse zu sagen von unsern Sakramenten, so Christus selbst eingesetzt hat: der Taufe und des heiligen Leibes und Blutes Christi; nämlich den Text, so Matthäus und Markus schreiben am Ende ihres Evangeliums, wie Christus seinen jüngern die Letzte gab und sie abfertigte:

VON DER TAUFE

Gehet hin und lehret alle Völker und taufet sie im Namen des Vaters und des Sohnes und des heiligen Geistes. Wer da glaubt und getauft wird, der wird selig werden, wer aber nicht glaubt, der wird verdammt werden.

So viel ist genug einem Einfältigen aus der Schrift von der Taufe zu wissen; desgleichen auch vom andern Sakrament mit kurzen einfältigen Worten, nämlich den Text S. Pauli:

VOM SAKRAMENT

Unser Herr Jesus Christus in der Nacht, als er verraten ward, nahm das Brot, dankte und brachs und gabs seinen Jüngern und sprach: Nehmet hin und esset, das ist mein Leib, der für euch gegeben wird, solches tut zu meinem Gedächtnis.

Desselben gleichen auch den Kelch nach dem Abendmahl und sprach: Dieser Kelch ist das neue Testament in meinem Blut, das für euch vergossen wird zu Vergebung der Sünden. Solches tut, sooft ihr trinkt, zu meinem Gedächtnis.

Also hätte man überall fünf Stücke der ganzen christlichen Lehre, die man immerdar treiben soll und von Wort zu Wort fordern und verhören. Denn verlasse dich nicht darauf, dass das junge Volk allein aus der Predigt lerne und behalte. Wenn man nun solche Stücke wohl weiß, so kann man darnach auch etliche Psalmen oder Gesänge, so darauf gemacht sind, vorlegen zur Zugabe und Stärke desselben und also die Jugend in die Schrift bringen und täglich weiter fahren. Es soll aber nicht an dem genug sein, dass mans allein den Worten nach fasse und erzählen könnte, sondern lasse das junge Volk auch zur Predigt gehen, sonderlich auf die Zeit, so zu dem Katechismus geordnet, dass sie es hören auslegen und verstehen lernen, was ein jegliches Stück in sich habe; also dass sie es auch können aufsagen, wie sie es gehört haben, und fein richtig antworten, wenn man sie fragt, auf dass es nicht ohne Nutzen und Frucht gepredigt werde. Denn darum tun wir den Fleiß, den Katechismus oft vorzupredigen, dass man solches in die Jugend bläue, nicht hoch noch scharf, sondern kurz und aufs einfältigste, auf dass es ihnen wohl eingehe, und im Gedächtnis bleibe. Derhalben wollen wir nun die angezeigten Stücke nacheinander vor uns nehmen und aufs deutlichste davon reden, soviel Not ist.

DIE ZEHN GEBOTE GOTTES

DAS ERSTE GEBOT

Du sollst nicht andere Götter haben

Das ist: du sollst mich allein für deinen Gott halten. Was ist das gesagt, und wie versteht mans? Was heißt, einen Gott haben, oder was ist Gott? Antwort: ein Gott heißt das, dazu man sich versehen soll alles Guten und Zuflucht haben in allen Nöten; also dass einen Gott haben nichts anders ist, denn ihm von Herzen trauen und glauben; wie ich oft gesagt habe, dass allein das Trauen und Glauben des Herzens beide macht, Gott und Abgott. Ist der Glaube und Vertrauen recht, so ist auch dein Gott recht; und wiederum, wo das Vertrauen falsch und unrecht ist., da ist auch der rechte Gott nicht. Denn die zwei gehören zu Haufe, Glaube und Gott. Worauf du nun (sage ich) dein Herz hängst und verlässest, das ist eigentlich dein Gott.

Darum ist nun die Meinung dieses Gebots, dass es fordert rechten Glauben und Zuversicht des Herzens, welche den rechten einigen Gott treffe und an ihm allein hange. Und will so viel gesagt haben: siehe zu und lasse mich allein deinen Gott sein und suche ja keinen andern; das ist was dir mangelt an Gutem, des versieh dich zu mir und suche es bei mir, und wo du Unglück und Not leidest, kriech und halte dich zu mir. Ich, ich will dir genug geben und aus aller Not helfen, lass nur dein Herz an keinem andern hangen noch ruhen.

Das muss ich ein wenig grob ausstreichen, dass mans verstehe und merke an Gemeinden Exempeln des Widerspiels. Es ist mancher, der meint, er habe Gott und alles genug, wenn er Geld und Gut hat, verlässt und brüstet sich darauf so steif und sicher, dass er auf niemand etwas gibt. Siehe, dieser hat auch einen Gott, der heißt Mammon, das ist Geld und Gut, darauf er all sein Herz setzt, welches auch der allergewöhnlichste Abgott ist auf Erden. Wer Geld und Gut hat, der weiß sich sicher, ist fröhlich und unerschrocken, als sitze er mitten im Paradies; und wiederum, wer keins hat, der verzweifelt und verzagt, als wisse er von keinem Gott. Denn man wird ihrer gar wenig finden, die guten Mutes sind, nicht trauern noch klagen, wenn sie den Mammon nicht haben; es klebt und hängt der Natur an bis in die Grube. Also auch, wer darauf traut und trotzt, dass er große Kunst, Klugheit, Gewalt, Gunst, Freundschaft und Ehre hat, der hat auch einen Gott, aber nicht diesen rechten, einigen Gott. Das siehst du abermal dabei, wie vermessen, sicher und stolz man ist auf solche Güter, und wie verzagt, wenn sie nicht vorhanden oder entzogen werden. Darum sage ich abermal, dass die rechte Auslegung dieses Stückes sei, dass einen Gott haben heißt: etwas haben, darauf das Herz gänzlich traut.

Item, siehe, was wir bisher getrieben und getan haben in der Blindheit unter dem Papsttum: wenn jemand ein Zahn weh tat, der fastete und feierte S. Apollonia; fürchtete er sich vor Feuersnot, so machte er S. Lorenz zum Nothelfer; fürchtete er sich vor Pestilenz, so gelobte er sich zu S. Sebastian oder Rochius, und des Greuels unzählig viel mehr, da ein jeglicher seinen Heiligen wählt, anbetet und anruft in Nöten zu helfen. Hierher gehören auch, die es gar zu grob treiben und mit dem Teufel einen Bund machen, dass er ihnen Geld genug gebe oder zur Buhlschaft helfe, ihr Vieh bewahre, verlorenes Gut wiederschaffe usw., wie die Zauberer und Schwarzkünstler. Denn diese alle setzen ihr Herz und Vertrauen anderswo denn auf den wahrhaftigen Gott, versehen sich kein Gutes von ihm, suchens auch nicht bei ihm.

Also verstehst du nun leichtlich, was und wie viel dies Gebot fordert, nämlich das ganze Herz des Menschen und alle Zuversicht auf Gott allein und niemand anders. Denn Gott zu haben kannst du wohl abnehmen, dass man ihn nicht mit Fingern ergreifen und fassen noch in Beutel stecken oder in Kasten schließen kann. Das heißt ihn aber gefasst, wenn ihn das Herz ergreift und an ihm hängt. Mit dem Herzen aber an ihm hängen ist nichts anders, denn sich gänzlich auf ihn verlassen. Darum will er uns von allem andern abwenden, das außer ihm ist, und zu sich ziehen, weil er das einzige ewige Gut ist. Als sollte er sagen: Was du zuvor bei den Heiligen gesucht oder auf den Mammon und sonst vertraut hast, des versiehe dich alles zu mir und halte mich für den, der dir helfen und mit allem Guten reichlich überschütten will.

Siehe, da hast du nun, was die rechte Ehre und Gottesdienst ist, so Gott gefällt, welchen er auch gebeut bei ewigem Zorn, nämlich dass das Herz keinen andern Trost noch Zuversicht wisse denn zu ihm, lasse sich auch nicht davon reißen, sondern darüber wage und hintenansetze alles, was auf Erden ist. Dagegen wirst du leichtlich sehen und urteilen, wie die Welt eitel falschen Gottesdienst und Abgötterei treibt. Denn es ist nie ein Volk so ruchlos gewesen, das nicht einen Gottesdienst aufgerichtet und gehalten habe; da hat jedermann zum sonderlichen Gott aufgeworfen, dazu er sich Gutes, Hilfe und Trost versehen hat. Als nämlich: die Heiden, so ihr Datum auf Gewalt und Herrschaft stellten, warfen ihren Jupiter zum höchsten Gott auf; die andern, so nach Reichtum, Glück oder nach Lust und guten Tagen standen, Herkules, Mercurius, Venus oder andere, die schwangeren Frauen Diana oder Lucina, und so fort. Es machte sich jedermann das zum Gott, dazu ihn sein Herz trug. Also dass eigentlich auch nach aller Heiden Meinung einen Gott haben heißt: trauen und glauben. Aber daran fehlt es, dass ihr Trauen falsch und unrecht ist, denn es ist nicht auf den einigen Gott gestellt, außer welchem wahrhaftig kein Gott ist im Himmel noch auf Erden. Darum die Heiden eigentlich ihren eigenen erdichteten Dünkel und Traum von Gott zum Abgott machen und sich auf eitel nichts verlassen.

Also ist es um alle Abgötterei getan, denn sie sieht nicht allein darin, dass man ein Bild aufrichtet oder anbetet, sondern vornehmlich im Herzen, welches anderswohin gafft, Hilfe und Trost sucht bei den Kreaturen, Heiligen oder Teufeln und sich Gottes nicht annimmt, noch so viel Gutes zu ihm versieht, dass er wolle helfen, glaubt auch nicht, dass von Gott komme, was ihm Gutes widerfährt.

Darüber ist auch ein falscher Gottesdienst und die höchste Abgötterei, so wir bisher getrieben haben und noch in der Welt regiert, darauf auch alle geistlichen Stände gegründet sind, welche allein das Gewissen betrifft, das da Hilfe, Trost und Seligkeit sucht in eignen Werken, vermißt sich, Gott den Himmel abzuzwingen, und rechnet, wieviel es gestiftet, gefastet, Messe gehalten hat usw. Verlässt sich und pocht darauf, als wolle es nichts von ihm geschenkt nehmen, sondern selbst erwerben oder überflüssig verdienen, gerade als müßte er uns zu Dienst stehen und unser Schuldner, wir aber seine Lehnsherrn sein. Was ist das anders, denn aus Gott einen Götzen, ja einen Apfelgott gemacht und sich selbst für Gott gehalten und aufgeworfen? Aber das ist ein wenig zu scharf, gehört nicht vor die jungen Schüler.

Das sei aber den Einfältigen gesagt, dass sie den Verstand dieses Gebotes wohl merken und behalten, dass man Gott allein trauen und sich eitel Gutes zu ihm versehen und von ihm gewarten soll, als der uns gibt Leib, Leben, Essen, Trinken, Nahrung, Gesundheit, Schutz, Friede und alle Notdurft zeitlicher und ewiger Güter, dazu bewahrt vor Unglück und, so etwas widerfährt, rettet und aushilft; also dass Gott (wie genug gesagt) allein der ist, von dem man alles Gute empfängt und alles Unglücks los wird. Daher auch, achte ich, nennen wir Deutschen Gott eben mit dem Namen von alters her (feiner und artiger denn keine andere Sprache) nach dem Wörtlein „gut", als der ein ewiger Quellbrunn ist, der sich mit eitel Güte übergießt und von dem alles, was gut ist und heißt, ausfließt.

Denn ob uns gleich sonst viel Gutes von Menschen widerfährt, so heißt es doch alles von Gott empfangen, was man durch sein Befehl und Ordnung empfängt. Denn unsere Eltern und alle Obrigkeit, dazu ein jeglicher gegen seinen Nächsten, haben den Befehl, dass sie uns allerlei Gutes tun sollen, also dass wirs nicht von ihnen, sondern durch sie von Gott empfangen. Denn die Kreaturen sind nur die Hand, Röhren und Mittel, dadurch Gott alles gibt, wie er der Mutter Brüste und Milch gibt, dem Kinde zu reichen, Korn und allerlei Gewächs aus der Erde zur Nahrung; welcher Güter keine Kreatur eines selbst machen kann. Derhalben soll sich kein Mensch unterstehen, etwas zu nehmen oder zu geben, es sei denn von Gott befohlen, dass mans erkenne als seine Gabe und ihm darum danke, wie dies Gebot fordert. Darum auch solche Mittel, durch die Kreaturen Gutes zu empfangen, nicht auszuschlagen sind, noch durch Vermessenheit andere Weise und Wege zu suchen, denn Gott befohlen hat. Denn das hieße nicht von Gott empfangen, sondern von sich selbst gesucht.

Darauf sehe nun ein jeglicher bei sich selbst, dass man dies Gebot vor allen Dingen groß und hoch achte und in keinen Scherz schlage. Frage und forsche dein eigenes Herz wohl, so wirst du wohl finden, ob es allein an Gott hange oder nicht. Hast du ein solches Herz, das sich eitel Gutes zu ihm versehen kann, sonderlich in Nöten und Mangel, dazu alles gehen- und fahren lassen, was nicht Gott ist, so hast du den einigen rechten Gott. Wiederum, hangt es auf etwas anderes, dazu sichs mehr Gutes und Hilfe vertröstet denn zu Gott, und nicht zu ihm läuft, sondern vor ihm flieht, wenn es ihm übel geht, so hast du einen andern Abgott.

Derhalben, auf dass man sehe, dass Gott solches nicht will in Wind geschlagen haben, sondern ernstlicli darüber halten, hat er bei diesem Gebot zum ersten eine schreckliche Drohung, darnach eine schöne, tröstliche Verheißung gesetzt, welche man auch wohl treiben soll und dem jungen Volk einbläuen, dass sie es zu Sinne nehmen und behalten: Denn ich bin der HERR, dein Gott, ein starker Eiferer, der da heimsucht der Väter Missetat an den Kindern bis ins dritte und vierte Glied, die mich hassen. Und tue Barmherzigkeit an viel tausend, die mich lieb haben und meine Gebote halten. Wiewohl aber diese Worte auf alle Gebote gehen (wie wir hernach hören werden), so sind sie doch eben zu diesem Hauptgebot gesetzt, darum dass daran am meisten liegt, dass ein Mensch ein rechtes Haupt habe; denn wo das Haupt recht geht, da muss auch das ganze Leben recht gehen, und wiederum. So lerne nun aus diesen Worten, wie zornig Gott ist über die, so sich auf irgend etwas außer ihm verlassen; wiederum, wie gütig und gnädig er ist denen, die ihm allein von ganzem Herzen trauen und glauben. Also dass der Zorn nicht ablässt bis ins vierte Geschlecht oder Glied, dagegen die Wohltat oder Güte geht über viel tausend. Auf dass man nicht so sicher hingehe und sich in die Schanze schlage, wie die rohen Herzen denken, es liege nicht große Macht daran. Er ist ein solcher Gott, der es nicht ungerochen lässt, dass man sich von ihm wendet, und nicht aufhört zu zürnen bis ins vierte Glied, so lange, bis sie durch und durch ausgerottet werden. Darum will er gefürchtet und nicht verachtet sein. Das hat er auch bewiesen in allen Historien und Geschichten, wie uns die Schrift reichlich anzeigt und noch tägliche Erfahrung wohl lehren kann. Denn er alle Abgötterei von Anfang her gar ausgerottet hat und um ihretwillen beide, Heiden und Juden; wie er auch bei heutigem Tage allen falschen Gottesdienst stürzt, dass endlich alle, so darin bleiben, müssen untergehen. Darum, ob man gleich jetzt stolze, gewaltige und reiche Wänste findet, die auf ihren Mammon trotzen, ungeachtet Gott zürne oder lache, als die seinen Zorn wohl trauen auszustehen, so werden sie es doch nicht ausführen, sondern ehe man sichs versieht, zu scheitern gehen mit allem, darauf sie getraut haben; wie alle anderen untergegangen sind, die sich wohl sicherer und mächtiger gewusst haben.

Und eben um solcher harten Köpfe willen, die da meinen, weil er zusieht und lässt sie fest sitzen, er wisse nichts darum oder nehme sichs nicht an, muss er also darein schlagen und strafen, dass ers nicht vergessen kann bis auf ihre Kindeskinder, auf dass sich jedermann daran stoße und sehe, dass ihm kein Scherz ist. Denn diese sinds auch, die er meint, da er spricht: DIE MICH HASSEN, das ist die auf ihrem Trotz und Stolz beharren. Was man ihnen predigt oder sagt, wollen sie nicht hören; straft man sie, dass sie sich erkennen und bessern, ehe die Strafe angeht, so werden sie toll und töricht, auf dass sie den Zorn redlich verdienen, wie wir auch jetzt an Bischöfen und Fürsten täglich erfahren.

Wie schrecklich aber diese Drohworte sind, so viel mächtiger Trost ist an der Verheißung, dass, die sich allein an Gott halten, sollen gewiss sein, dass er Barmherzigkeit an ihnen erzeigen will, das ist eitel Gutes und Wohltat beweisen, nicht allein für sie, sondern auch an ihren Kindern bis ins tausendste und abermals tausendste Geschlecht. Solches sollte uns ja bewegen und treiben, unser Herz auf Gott zu erwägen mit aller Zuversicht, so wir begehrten, alles Gute zeitlich und ewig zu haben, weil sich die hohe Majestät so hoch erbietet, so herzlich reizt und so reichlich verheißt.

Darum lasse es sich ein jeglicher ernstlich zu Herzen gehen, dass mans nicht achte, als habe es ein Mensch geredet. Denn es gilt dir entweder ewigen Segen, Glück und Seligkeit, oder ewigen Zorn, Unglück und Herzleid. Was willst du mehr haben oder begehren, denn dass er dir so freundlich verheißt, er wolle dein sein mit allem Guten, dich schützen und helfen in allen Nöten? Es fehlt aber leider daran, dass die Welt der keines nicht glaubt noch für Gottes Wort hält, weil sie sieht, dass, die Gott und nicht dem Mammon trauen, Kummer und Not leiden, und der Teufel sich wider sie sperrt und wehrt, dass sie kein Geld, Gunst noch Ehre, dazu kaum das Leben behalten. Wiederum, die dem Mammon dienen, haben Gewalt, Gunst, Ehre und Gut und alle Gemach vor der Welt. Derhalben muss man solche Worte fassen, eben wider solchen Schein gestellt, und wissen, dass sie nicht lügen noch trügen, sondern wahr werden müssen.

Denke du selbst zurück oder frage ihm nach und sage mir: die alle ihre Sorge und Fleiß darauf gelegt haben, dass sie großes Gut und Geld zusammen scharrten, was haben sie endlich geschafft? So wirst du finden, dass sie Mühe und Arbeit verloren haben. Oder ob sie gleich große Schätze zu Haufe gebracht, es doch zerstoben und verflogen ist. Also dass sie selbst ihres Gutes nie sind froh geworden, und hernach nicht an die dritten Erben gereicht hat. Exempel wirst du genug finden in allen Historien, auch von alten erfahrenen Leuten; siehe sie nur an und habe Achtung darauf. Saul war ein großer König, von Gott erwählt, und ein frommer Mann; aber da er eingesessen war und sein Herz ließ sinken, hing sich an seine Krone und

Gewalt, musste er untergehen mit allem, das er hatte, dass auch seiner Kinder keines blieb.

Wiederum, David war ein armer verachteter Mann, verjagt und gescheucht, dass er seines Lebens nirgend sicher war; dennoch musste er vor dem Saul bleiben und König werden. Denn diese Worte mussten bleiben und wahr werden, weil Gott nicht lügen noch trügen kann. Lasse dich nur den Teufel und Welt mit ihrem Schein, der wohl eine Zeitlang währt, aber endlich nichts ist, betrügen.

Darum lasst uns das erste Gebot wohl lernen, dass wir sehen, wie Gott keine Vermessenheit noch Vertrauen auf irgendein anderes Ding leiden will und nicht Höheres von uns fordert denn eine herzliche Zuversicht alles Guten, also dass wir richtig und stracks vor uns gehen und alle Güter, so Gott gibt, brauchen, nicht weiter denn wie ein Schuster seiner Nadel, Ahle und Draht braucht zur Arbeit und darnach hinweg legt, oder wie ein Gast der Herberge, Futter und Lager, allein zur zeitlichen Notdurft, ein jeglicher in seinem Stand nach Gottes Ordnung, und lasse nur keines seinen Herrn oder Abgott sein. Das sei genug vom ersten Gebot, welches wir mit Worten haben müssen ausstreichen, weil daran allermeist die Macht liegt, darum dass (wie zuvor gesagt), wo das Herz wohl mit Gott daran ist und dies Gebot gehalten wird, so gehen die anderen alle hernach.

DAS ZWEITE GEBOT

Du sollst Gottes Namen nicht vergeblich führen

Gleichwie das erste Gebot das Herz unterweist und den Glauben gelehrt hat, also führt uns dies Gebot heraus und richtet den Mund und die Zunge gegen Gott. Denn das erste, so aus dem Herzen bricht und sich erzeigt, sind die Worte.

Wie ich nun droben gelehrt habe zu antworten, was da heiße einen Gott haben, also musst du auch den Verstand dieses und aller Gebote lernen einfältig fassen und von dir sagen .Wenn man nun fragt: Wie verstehst du das andere Gebot, oder was heißt Gottes Namen vergeblich führen oder missbrauchen? Antworte aufs kürzeste also: Das heißt Gottes Namen missbrauchen, wenn man Gott den HERRN nennt, welcherlei Weise es geschehen mag, zur Lüge oder allerlei Untugend. Darum ist so viel geboten, dass man Gottes Namen nicht fälschlich anziehe oder in den Mund nehme, da das Herz wohl anders weiß oder je anders wissen soll; wie unter denen oft geschieht, die vor Gericht schwören, und ein Teil dem anderen lügt. Denn Gottes Namen kann man nicht höher missbrauchen, denn damit zu lügen und trügen. Das lasse das Deutsche und leichtesten Verstand dieses Gebotes bleiben.

Aus diesem kann nun jedermann selbst wohl ausrechnen, wann und wie mancherlei Gottes Name missbraucht wird; wiewohl alle Missbräuche zu erzählen nicht möglich ist. Doch kürzlich auszurichten, geschieht aller Missbrauch göttlichen Namens erstlich in weltlichen Händeln und Sachen, so Geld, Gut, Ehre betreffen, es sei öffentlich vor Gericht, auf dem Markt oder sonst, da man schwört und falsche Eide tut auf Gottes Namen oder die Sache auf seine Seele nimmt. Und sonderlich ist solches viel ganghaftig in Ehesachen, da ihrer zwei hingehen, einander heimlich geloben und darnach verschwören. Allermeist aber geht der Missbrauch in geistlichen Sachen, die das Gewissen belangen, wenn falsche Prediger aufstehen und ihren Lügentand für Gottes Wort dargeben. Siehe, das heißt alles unter Gottes Namen geschmeckt oder schön sein wollen und recht haben, es geschehe in groben Welthändeln oder hohen subtilen Sachen des Glaubens und der Lehre. Und unter die Lügner gehören auch die Lästermäuler, nicht allein die gar groben, jedermann wohl bekannt, die da ohne Scheu Gottes Namen schänden (welche nicht in unsere, sondern des Henkers Schule gehören), sondern auch die die Wahrheit und Gottes Wort öffentlich lästern und dem Teufel geben; davon jetzt nicht Not, weiter zu sagen.

Hier lass uns nun lernen und zu Herzen fassen, wie groß an diesem Gebot gelegen ist, dass wir uns mit allem Fleiß hüten und scheuen vor allerlei Missbrauch des heiligen Namens als vor der höchsten Sünde, so äußerlich geschehen kann. Denn lügen und trügen ist an sich selbst große Sünde, wird aber viel schwerer, wenn man sie noch rechtfertigen will und sie zu bestätigen Gottes Namen anzieht und zum Schanddeckel macht, also dass aus einer Lüge eine zweifältige, ja vielfältige Lüge wird.

Darum hat Gott diesem Gebote auch ein ernstliches Drohwort angehängt, das heißt also: denn der HERR wird den nicht unschuldig halten, der seinen Namen vergeblich führt; das ist, es soll keinem geschenkt werden noch ungestraft abgehen. Denn sowenig er will ungerochen lassen, dass man das Herz von ihm wende, sowenig will er leiden, dass man seinen Namen führe, die Lügen zu beschönigen. Nun ist es leider eine Gemeinde Plage in aller Welt, dass ja so wenig sind, die nicht Gottes Namen zur Lüge und aller Bosheit brauchen, so wenig als ihrer sind, die allein von Herzen auf Gott vertrauen.

Denn diese schöne Tugend haben wir von Natur alle an uns, dass, wer eine Schalkheit getan hat, gern wollte seine Schande decken und schmücken, dass niemand es sähe noch wüsste; und ist keiner so verwegen, der sich begangener Bosheit vor jedermann rühme; wollens alle meuchlings getan haben, ehe mans gewahr wird. Greift man dann einen an, so muss Gott mit seinem Namen herhalten und die Büberei fromm, die Schande zu Ehren machen. Das ist der Gemeinde Weltlauf, wie eine große Sintflut eingerissen in allen Landen. Darum haben wir auch zu Lohn, was wir suchen und verdienen: Pestilenz, Krieg, Teuerung, Feuer, Wasser, ungeraten Weib, Kinder, Gesinde und allerlei Unrat. Wo sollte sonst des Jammers so viel herkommen? Es ist noch große Gnade, dass uns die Erde trägt und nährt.

Darum sollte man vor allen Dingen das junge Volk ernstlich dazu halten und gewöhnen, dass sie dieses andere Gebot hoch vor Augen hätten, und wo sie es übertreten, flugs mit der Rute hinter ihnen her sein und das Gebot vorhalten und immer einbläuen, auf dass sie also aufgezogen würden nicht allein mit Strafe, sondern zur Scheu und Furcht vor Gott. So verstehst du nun, was Gottes Namen missbrauchen heiße, nämlich (aufs kürzeste zu wiederholen) entweder bloß zur Lüge und etwas unter dem Namen ausgeben, das nicht ist, oder zu fluchen, schwören, zaubern, und Summa, wie man mag, Bosheit auszurichten. Daneben musst du auch wissen, wie man des Namens recht brauche. Denn neben dem Wort, das er sagt: du sollst Gottes Namen nicht vergeblich brauchen, gibt er gleichwohl zu verstehen, dass man seiner wohl brauchen solle. Denn er ist uns eben darum offenbart und gegeben, dass er im Brauch und Nutz soll stehen. Darum schließt sich nun selbst, weil hier verboten ist, den heiligen Namen zur Lüge oder Untugend zu führen, dass wiederum geboten ist, ihn zur Wahrheit und allem Guten zu brauchen, nämlich so man recht schwört, wo es Not ist und gefordert wird. Also auch wenn man recht lehrt, weiter wenn man den Namen anruft in Nöten, lobt und dankt im Guten usw. Welches alles zu Hauf gefasst und geboten ist in dem Spruch Psalm 50,15: Rufe mich an zur Zeit der Not, so will ich dich erretten, so sollst du mich preisen. Denn das heißt alles ihn zur Wahrheit angezogen und seliglich gebraucht, und wird also sein Name geheiligt, wie das Vaterunser betet.

Also hast du die Summa des ganzen Gebotes erklärt. Und aus diesem Verstand hat man die Frage leichtlich aufgelöst, damit sich viele Lehrer bekümmert haben, warum im Evangelio verboten ist zu schwören, so doch Christus, St. Paulus und andere Heiligen oft geschworen haben. Und ist kürzlich diese Meinung: Schwören soll man nicht zum Bösen, das ist zur Lüge, und wo es nicht not noch nütz ist, aber zum Guten und des Nächsten Besserung soll man schwören. Denn es ist ein rechtes, gutes Werk, dadurch Gott gepriesen, die Wahrheit und Recht bestätigt, die Lüge zurück geschlagen und Hader vertragen wird, denn Gott kommt selbst da ins Mittel und scheidet Recht und Unrecht, Böses und Gutes voneinander. Schwört ein Teil falsch, so hat er sein Urteil, dass er der Strafe nicht wird entlaufen. Und ob es eine Weile lang ansteht, soll ihm doch nichts gelingen, dass alles, so sie damit gewinnen, sich unter den Händen verschleiße und nimmer fröhlich genossen werde. Wie ich an vielen erfahren habe, die ihr eheliches Gelübde verschworen haben, dass sie darnach keine gute Stunde oder gesunden Tag gehabt haben und also beide, an Leib und Seele und Gut dazu, jämmerlich verdorben sind.

Derhalben sage und vermahne ich, wie zuvor, dass man die Kinder beizeiten angewöhne mit Warnen und Schrecken, Wehren und Strafen, dass sie sich scheuen vor Lügen und sonderlich, Gottes Namen dazu zu führen. Denn wo man sie lässt hingehen, wird nichts Gutes daraus, wie jetzt vor Augen, dass die Welt böser ist, denn sie je gewesen, und kein Regiment, Gehorsam, Treue und Glaube, sondern eitel verwegene, unbändige Leute, an denen kein Lehren noch Strafen hilft; welches alles Gottes Zorn und Strafe ist über solche mutwillige Verachtung dieses Gebotes.

Zum andern soll man sie auch wiederum treiben und reizen, Gottes Namen zu ehren und stetig im Mund zu haben in allem, was ihnen begegnen und unter Augen stoßen mag. Denn das ist die rechte Ehre des Namens, dass man sich alles Trostes zu ihm versehe und ihn darum anrufe; also dass das Herz (wie droben gehört) zuvor durch den Glauben Gott seine Ehre gebe, darnach der Mund durch das Bekenntnis.

Solches ist auch eine selige, nützliche Gewohnheit und sehr kräftig wider den Teufel, der immerdar um uns ist und darauf lauert, wie er uns möchte zu Sünde und Schande, Jammer und Not bringen, aber gar ungern hört und nicht lange bleiben kann, wo man Gottes Namen von Herzen nennt und anruft, - und sollte uns mancher schrecklicher und gräulicher Fall begegnen, wo uns Gott nicht durch Anrufen seines Namens erhielte. Ich habe es selbst versucht und wohl erfahren, dass oft plötzlicher großer Unfall gleich in solchem Rufen sich gewendet hat und abgegangen ist. Dem

Teufel zu Leid (sage ich) sollten wir den heiligen Namen immerdar im Munde führen, dass er nicht schaden könnte, wie er gern wollte.

Dazu dient auch, dass man sich gewöhne, sich täglich Gott zu befehlen mit Seel und Leib, Weib, Kind, Gesinde, und was wir haben, für alle zufällige Not. Daher auch das Benedicite, Gratias und andere Segen abends und morgens gekommen und geblieben sind. Weiter die Kinderübung, dass man sich segne, wenn man etwas Ungeheueres und Schreckliches sieht oder hört, und spreche: HERR Gott behüte! Hilf, lieber Herr Christe! oder dergleichen. Also auch wiederum, wenn jemand etwas Gutes ungedacht widerfährt, wie gering es auch ist, dass man spreche: Gott sei gelobt und gedankt, das hat mir Gott beschert usw. Wie man vormals die Kinder gewöhnt hat, S. Niklaus und andern Heiligen zu fasten und beten. Solches wäre Gott angenehm und gefälliger denn kein Klosterleben noch Karthäuser Heiligkeit.

Siehe, also möchte man die Jugend kindlicher Weise und spielens aufziehen in Gottesfurcht und Ehre, dass das erste und andere Gebot fein im Schwung und steter Übung gingen. Da könnte etwas Gutes bekleiden, aufgehen und Frucht schaffen, dass solche Leute erwüchsen, deren ein ganzes Land genießen und froh werden möchte. Das wäre auch die rechte Weise, Kinder wohl zu ziehen, weil man sie mit Gutem und Lust kann gewöhnen. Denn was man allein mit Ruten und Schlägen soll zwingen, da wird keine gute Art aus, und wenn mans weit bringt, so bleiben sie doch nicht länger fromm, denn die Rute auf dem Nacken liegt. Aber hier wurzelt es ins Herz, dass man sich mehr vor Gott denn vor Ruten und Knüttel fürchtet. Das sage ich so einfältig für die Jugend, dass es doch einmal eingehe; denn weil wir Kindern predigen, müssen wir auch mit ihnen lallen. Also haben wir den Missbrauch göttlichen Namens verhütet und den rechten Brauch gelehrt, welcher nicht allein in Worten, sondern auch in der Übung und Leben stehen soll, dass man wisse, dass solches Gott herzlich wohlgefalle und wolle es so reichlich belohnen, so gräulich als er jenen Missbrauch strafen will.

DAS DRITTE GEBOT

Du sollst den Feiertag heiligen

Feiertag haben wir genannt nach dem hebräischen Wörtlein Sabbat, welches eigentlich heißt „feiern", das ist müßig stehen von der Arbeit. Daher wir pflegen zu sagen" Feierabend machen" oder „heiligen Abend geben." Nun hat Gott im Alten Testament den siebenten Tag ausgesondert und aufgesetzt zu feiern und geboten, denselbigen vor allen andern heilig zu halten. Und dieser äußerlichen Feier nach ist dies Gebot allein den Juden gestellt, dass sie sollten von groben Werken stillstehen und ruhen, auf dass sich beide, Mensch und Vieh, wieder erholten und nicht von steter Arbeit geschwächt würden. Wiewohl sie es hernach allzu eng spannten und gröblich missbrauchten, dass sie auch an Christo lästerten und nicht leiden konnten solche Werke, die sie doch selbst daran taten, - wie man im Evangelio liest. Gerade als sollte das Gebot damit erfüllt sein, dass man gar kein äußerlich Werk täte; welches doch nicht die Meinung war, sondern lediglich die, dass sie den Feier- oder Ruhetag heiligten, wie wir hören werden.

Darum geht nun dies Gebot nach dem groben Verstand uns Christen nichts an, denn es ein ganz äußerliches Ding ist, wie andere Satzungen des Alten Testaments, an sonderliche Weise, Person, Zeit und Stätte gebunden, welche nun durch Christum alle frei gelassen sind. Aber einen christlichen Verstand zu fassen für die Einfältigen, was Gott in diesem Gebot von uns fordert, so merke, dass wir Feiertage halten nicht um der verständigen und gelehrten Christen willen, denn diese bedürfen nirgends zu, sondern erstlich auch um leiblicher Ursache und Notdurft willen, welche die Natur lehrt und fordert für den Gemeinden Haufen , Knechte und Mägde, so die ganze Woche ihrer Arbeit und Gewerbe gewartet, dass sie sich auch einen Tag einziehen, zu ruhen und erquicken. Darnach allermeist darum, dass man an solchem Ruhetage (weil man sonst nicht dazu kommen kann) Raum und Zeit nehme, Gottesdienstes zu warten; also dass man zu Haufe komme, Gottes Wort zu hören und handeln, darnach Gott loben, singen und beten.

Solches aber (sage ich) ist nicht also an Zeit gebunden wie bei den Juden, dass es müsse eben dieser oder jener Tag sein; denn es ist keiner an sich selbst besser denn der andere: sondern sollte wohl täglich geschehen, aber weil es der Haufe nicht warten kann, muss man je zum wenigsten einen Tag in der Woche dazu ausschießen. Weil aber von alters her der Sonntag dazu gestellt ist, soll mans auch dabei bleiben lassen, auf dass es in einträchtiger Ordnung gehe und niemand durch unnötige Neuerung eine Unordnung mache. Also ist das die einfältige Meinung dieses Gebotes: Weil man sonst Feiertag hält, dass man solche Feier anlege, Gottes Wort zu lernen; also dass dieses Tages eigentliches Amt sei das Predigtamt um des jungen Volkes und armen Haufens willen; doch das Feiern nicht so eng gespannt, dass darum andere zufälligen Arbeit, so man nicht umgehen kann, verboten wäre.

Derhalben wenn man fragt, was da gesagt sei: Du sollst den Feiertag heiligen? so antworte: Den Feiertag heiligen heißt soviel als heilig halten. Was ist denn heilig halten? Nichts anders denn heilige Worte, Werke und Leben führen; denn der Tag bedarf für sich selbst keines Heiligens, denn er ist an sich selbst heilig geschaffen; Gott will aber haben, dass er dir heilig sei. Also wird er deinethalben heilig und unheilig, so du heiliges oder unheiliges Ding daran treibst. Wie geht nun solches Heiligen zu? Nicht also, dass man hinter dem Ofen sitze und keine grobe Arbeit tue oder einen Kranz aufsetze und seine besten Kleider anziehe, sondern (wie gesagt) dass man Gottes Wort handle und sich darin übe.

Und zwar wir Christen sollen immerdar solchen Feiertag halten, eitel heiliges Ding treiben, das ist, täglich mit Gottes Wort umgehen, im Herzen und Mund umtragen.

Aber weil wir (wie gesagt) nicht alle Zeit und Muße haben, müssen wir die Woche etliche Stunden für die Jugend oder zum wenigsten einen Tag für den ganzen Haufen dazu brauchen, dass man sich allein damit bekümmere und eben die zehn Gebote, den Glauben und Vaterunser treibe und also unser ganzes Leben und Wesen nach Gottes Wort richte. Welche Zeit nun das in Schwang und Übung geht, da wird ein rechter Feiertag gehalten. Wo nicht, so soll es kein Christenfeiertag heißen; denn feiern und müßig gehen können die Unchristen auch wohl, wie auch das ganze Geschwür unserer Geistlichen täglich in der Kirche steht, singt und klingt, heiligt aber keinen Feiertag, denn sie kein Gottes Wort predigen noch üben, sondern eben dawider lehren und leben.

Denn das Wort Gottes ist das Heiligtum über alle Heiligtümer, ja das einige, das wir Christen wissen und haben. Denn ob wir gleich aller Heiligen Gebeine oder heilige und geweihte Kleider auf einem Haufen hätten, so wäre uns doch nichts damit geholfen; denn es ist alles totes Ding, das niemand heiligen kann. Aber Gottes Wort ist der Schatz, der alle Dinge heilig macht, dadurch sie selbst, die Heiligen alle, sind geheiligt worden. Welche Stunde man nun Gottes Wort handelt, predigt, hört, liest oder bedenkt, so wird dadurch Person, Tag und Werk geheiligt, nicht des äußerlichen Werkes halber, sondern des Wortes halber, so uns alle zu Heiligen macht. Derhalben sage ich allezeit, dass alle unser Leben und Werke in dem Wort Gottes gehen müssen, sollen sie Gott gefällig oder heilig heißen. Wo das geschieht, so geht dies Gebot in seiner Kraft und Erfüllung. Wiederum, was für Wesen und Werk außer Gottes Wort geht, das ist vor Gott unheilig, es scheine und gleiße, wie es wolle, wenn mans mit eitel Heiligtum behinge, als da sind die erdichteten geistlichen Stände, die Gottes Wort nicht wissen und in ihren Werken Heiligkeit suchen.

Darum merke, dass die Kraft und Macht dieses Gebotes steht nicht im Feiern, sondern im Heiligen, also dass dieser Tag eine sonderliche heilige Übung habe. Denn andere Arbeiten und Geschäfte heißen eigentlich nicht heilige Übungen, es sei denn der Mensch zuvor heilig. Hier aber muss ein solches Werk geschehen, dadurch ein Mensch selbst heilig werde, welches allein (wie gehört) durch Gottes Wort geschieht; dazu denn gestiftet und geordnet sind Stätte, Zeit, Personen und der ganze äußerliche Gottesdienst, dass solches auch öffentlich im Schwang gehe.

Weil nun so viel an Gottes Wort gelegen ist, dass ohne dasselbige kein Feiertag geheiligt wird, sollen wir wissen, dass Gott dies Gebot streng will gehalten haben und strafen alle, die sein Wort verachten, nicht hören noch lernen wollen, sonderlich in der Zeit, so dazu geordnet ist. Darum sündigen wider dies Gebot nicht allein, die den Feiertag gröblich missbrauchen und verunheiligen, als die um ihres Geizes oder Leichtfertigkeit willen Gottes Wort nachlassen zu hören, oder in Tavernen liegen, toll und voll sind wie die Säue; sondern auch der andere Haufe, so Gottes Wort hören als einen andern Tand und nur aus Gewohnheit zur Predigt und wieder herausgehen, und wenn das Jahr um ist, können sie heuer so viel als fert. Denn bisher hat man gemeint, es wäre wohl gefeiert, wenn man sonntags eine Messe oder das Evangelium hätte hören lesen; aber nach Gottes Wort hat niemand gefragt, wie es auch niemand gelehrt hat. jetzt, weil wir Gottes Wort haben, tun wir gleichwohl den Missbrauch nicht ab, lassen uns immer predigen und vermahnen, hörens aber ohne Ernst und Sorge. Darum wisse, dass nicht allein ums Hören zu tun ist, sondern auch soll gelernt und behalten werden, und denke nicht, dass es in deiner Willkür stehe oder nicht große Macht daran liege; sondern dass Gottes Gebot ist, der es fördern wird, wie du sein Wort gehört, gelernt und geehrt habest.

Desgleichen sind auch zu strafen die ekligen Geister, welche, wenn sie eine Predigt oder zwei gehört haben, sind sie es satt und überdrüssig, als die es nun selbst wohl können und keines Meisters mehr bedürfen. Denn das ist eben die Sünde, so man bisher unter die Todsünden gezählt hat und heißet Akidia, das ist Trägheit oder Überdruss, eine feindselige, schädliche Plage, damit der Teufel vieler Herzen bezaubert und betrügt, auf dass er uns übereile und das Wort Gottes wieder heimlich entziehe.

Denn das lasse dir gesagt sein: Ob du es gleich aufs beste könntest und aller Dinge Meister wärest, so bist du doch täglich unter des Teufels Reich, der weder Tag noch Nacht ruhet, dich zu beschleichen, dass er in deinem Herzen Unglauben und böse Gedanken wider die vorigen und alle Gebote anzünde. Darum musst du immerdar Gottes Wort im Herzen, Mund und vor den Ohren haben. Wo aber das Herz müßig steht und das Wort nicht klingt, so bricht er ein und hat den Schaden getan, ehe mans gewahr wird.

Wiederum hat es die Kraft, wo mans mit Ernst betrachtet, hört und handelt, dass es nimmer ohne Frucht abgeht, sondern allzeit neuen Verstand, Lust und Andacht erweckt, reines Herz und Gedanken macht; denn es sind nicht faule noch tote, sondern geschäftige lebendige Worte. Und ob uns gleich kein anderer Nutz und Not triebe, so sollte doch das jedermann dazu reizen, dass dadurch der Teufel gescheucht und verjagt, dazu dies Gebot erfüllt wird und Gott gefälliger ist denn alle anderen gleißenden Heuchelwerke.

DAS VIERTE GEBOT

Bisher haben wir die ersten drei Gebote gelernt, die da gegen Gott gerichtet sind. Zum ersten, dass man ihm von ganzem Herzen vertraue, fürchte und liebe in all unserm Leben. Zum andern, dass man seines heiligen Namens nicht Missbrauche zur Lüge noch irgendeinem bösen Stücke, sondern zu Gottes Lob, Nutz und Seligkeit des Nächsten und seiner selbst. Zum dritten, dass man an der Feier und Ruhe Gottes Wort mit Fleiß handle und treibe, auf dass all unser Tun und Leben darnach gehe. Folgen nun die andern sieben, gegen unsern Nächsten gestellt, unter welchen das erste und höchste ist:

Du sollst deinen Vater und Mutter ehren

Diesem Vater- und Mutterstand hat Gott sonderlich den Preis gegeben vor allen Ständen, die unter ihm sind, dass er nicht schlechthin gebietet, die Eltern lieb zu haben, sondern zu ehren. Denn gegen Brüder, Schwestern und den Nächsten insgemein befiehlt er nichts Höheres, denn sie zu lieben; also dass er Vater und Mutter scheidet und auszeichnet vor allen anderen Personen auf Erden und neben sich setzt. Denn es ist ein viel höheres Ding ehren denn lieben, da es nicht allein die Liebe begreift, sondern auch eine Zucht, Demut und Scheu, als gegen eine Majestät, allda verborgen. Auch nicht allein fordert, dass man sie freundlich und mit Ehrerbietung anspreche, sondern allermeist, dass man sich beide, von Herzen und mit dem Leib, also stelle und erzeige, dass man viel von ihnen halte und - nach Gott - für die Obersten ansehe. Denn welchen man von Herzen ehren soll, den muss man wahrlich für hoch und groß achten. Also dass man dem jungen Volk einpräge, ihre Eltern an Gottes statt vor Augen zu halten und also zu denken, ob sie gleich gering, arm, gebrechlich und seltsam seien, dass sie dennoch Vater und Mutter sind, von Gott gegeben. Des Wandels oder Fehls halber sind sie der Ehren nicht beraubt. Darum ist nicht anzusehen die Person, wie sie sind, sondern Gottes Willen, der es also schafft und ordnet. Sonst sind wir zwar vor Gottes Augen alle gleich; aber unter uns kann es ohne solche Ungleichheit und ordentlichen Unterschied nicht sein. Darum sie auch von Gott geboten ist, zu halten, dass du mir als deinem Vater gehorsam seiest und ich die Oberhand habe.

So lerne nun zum ersten, was die Ehre gegen die Eltern heiße, in diesem Gebot gefordert, nämlich dass man sie vor allen Dingen herrlich und wert halte als den höchsten Schatz auf Erden. Darnach auch mit Worten sich züchtig gegen sie stelle, nicht übel anfahre, poche noch poltere; sondern lasse sie recht haben und schweige, ob sie gleich zu viel tun. Zum dritten auch mit Werken, das ist mit Leib und Gut, solche Ehre beweise, dass man ihnen diene, helfe und versorge, wenn sie alt, krank, gebrechlich oder arm sind, und solches alles nicht allein gern, sondern mit Demut und Ehrerbietung, als vor Gott getan. Denn wer das weiß, wie er sie im Herzen halten soll, wird sie nicht lassen Not noch Hunger leiden, sondern über und neben sich setzen und mitteilen, was er hat und vermag.

Zum andern siehe und merke, wie großes Gut und heiliges Werk allhier den Kindern vorgelegt ist, welches man leider gar verachtet und in Wind schlägt, und niemand wahrnimmt, dass es Gott geboten habe oder dass es ein heiliges, göttliches Wort und Lehre sei. Denn wenn mans dafür gehalten hätte, hätte ein jeglicher daraus können nehmen, dass auch heilige Leute sein müssten, die nach diesen Worten lebten; so hätte man kein Klosterleben noch geistliche Stände dürfen aufwerfen, wäre ein jegliches Kind bei diesem Gebot geblieben und hätte sein Gewissen können richten gegen Gott und sprechen: Soll ich gute und heilige Werke tun, so weiß ich je kein besseres denn meinen Eltern alle Ehre und Gehorsam zu leisten, weil es Gott selbst geheißen hat. Denn was Gott gebietet, muss viel und weit edler sein denn alles, was wir selbst mögen erdenken, und weil kein höherer noch besserer Meister zu finden ist denn Gott, wird freilich auch keine bessere Lehre sein, denn er von sich gibt. Nun lehrt er ja reichlich, was man tun soll, wenn man rechtschaffene, gute Werk üben will; und in dem, dass ers gebietet, bezeugt er, dass sie ihm wohlgefallen. Ist es denn Gott, der solches gebietet und kein Besseres weiß zu stellen, so werde ichs ja nicht besser machen.

Siehe, also hätte man ein frommes Kind recht gelehrt, seliglich erzogen und daheim behalten im Gehorsam und Dienst der Eltern, dass man Gutes und Freude daran gesehen hätte. Aber also hat man Gottes Gebot nicht müssen aufmutzen, sondern liegen lassen oder überhin rauschen, dass ein Kind es nicht bedenken konnte und dieweil das Maul aufsperren nach dem, das wir aufgeworfene haben, und Gott keinmal darum begrüßt.

Darum lasst uns einmal lernen um Gottes willen, dass das junge Volk - alle andern Dinge aus den Augen gesetzt - erstlich auf dies Gebot sehe: wenn sie Gott mit rechten guten Werken dienen wollen, dass sie tun, was Vater und Mutter, oder denen sie an ihrer statt untertan sind, lieb ist. Denn welches Kind das weiß und tut, hat zum ersten den großen Trost im Herzen, dass es fröhlich sagen und rühmen kann (zu trotz und wider alle, die mit eigenen erwählten Werken umgehen): Siehe, das Werk gefällt meinem Gott im Himmel wohl, das weiß ich fürwahr. Lasse sie mit ihren vielen, großen, sauern, schweren Werken alle auf einen Haufen hertreten und rühmen; lass sehen, ob sie irgendeines hervorbringen könnten, das größer und edler sei denn Vater und Mutter Gehorsam, so Gott nächst seiner Majestät Gehorsam gesetzt und befohlen hat; dass, wenn Gottes Wort und Willen geht und ausgerichtet wird, soll keines mehr gelten denn der Eltern Willen und Wort, also dass er dennoch auch unter Gottes Gehorsam bleibe und nicht wider die vorigen Gebote gehe.

Derhalben sollst du von Herzen froh sein und Gott danken, dass er dich dazu erwählt und würdig gemacht hat, ihm solch köstliches, angenehmes Werk zu tun. Und halte es nur für groß und teuer, ob es gleich für das allergeringste und verachtetste angesehen wird, nicht unserer Würdigkeit halber, sondern dass es in dem Kleinod und Heiligtum, nämlich Gottes Wort und Gebot, gefasst ist und gehet. O wie teuer solltens alle Karthäuser, Mönche und Nonnen, kaufen, dass sie in all ihrem geistlichen Wesen ein einzig Werk vor Gott möchten bringen, aus seinem Gebot getan, und mit fröhlichem Herzen vor seinen Augen sprechen: Nun weiß ich, dass dir dies Werk wohlgefällt. Wo wollen sie, die armen, elenden Leute, bleiben, wenn sie vor Gott und aller Welt schamrot mit allen Schanden stehen werden vor einem jungen Kind, so in diesem Gebot gelebt hat, und bekennen, dass sie mit allem ihrem Leben nicht wert sind gewesen, ihm das Wasser zu reichen? Geschieht ihnen auch recht um der teuflischen Verkehrung willen, weil sie Gottes Gebot mit Füßen treten, dass sie sich vergeblich mit selbst erdachten Werken martern müssen, dazu Spott und Schaden zu Lohn haben. Sollte nun nicht ein Herz springen und von Freuden zerfließen, wenn es zur Arbeit ginge und täte, was ihm befohlen wäre, dass es könnte sagen: Siehe, das ist besser denn aller Karthäuser Heiligkeit, ob sie sich gleich zu Tode fasten und ohne Unterlass auf den Knien beten? Denn hier hast du ein gewissen Text und göttliches Zeugnis, dass er dies geheißen hat, aber von jenem kein Wort befohlen. Aber das ist der Jammer und eine leidige Blindheit der Welt, dass solches niemand glaubt; so hat uns der Teufel bezaubert mit falscher Heiligkeit und Schein eigener Werke.

Derhalben wollte ich ja gern (sage ich abermal), dass man Augen und Ohren auftäte und solches zu Herzen nehme auf dass wir nicht dermaleins wieder von dem reinen Gotteswort auf des Teufels Lügentand verleitet würden. So würde es auch wohl stehen, dass die Eltern desto mehr Freude, Liebe, Freundschaft und Eintracht in Häusern hätten, so könnten die Kinder den Eltern alle ihr Herz nehmen. Wiederum, wo sie störrig sind und nicht eher tun, was sie wollen, man lege ihnen denn einen Knüttel auf den Rücken, so erzürnen sie beide, Gott und Eltern, damit sie sich selbst solchen Schatz und Freude des Gewissens entziehen und eitel Unglück sammeln. Darum gehts auch jetzt in der Welt also, wie jedermann klagt, dass beide, jung und alt, gar wild und unbändig sind, keine Scheu noch Ehre haben, nichts tun denn mit Schlägen getrieben und hinter eines andern Rücken ausrichten und abziehen, was sie können, darum auch Gott straft, dass sie in allen Unrat und Jammer kommen. So können die Eltern gemeiniglich selbst nichts, es erzieht ein Tor den andern. Wie sie gelebt haben, so leben die Kinder hinnach.

Das soll nun (sage ich) das Erste und Größte sein, das uns zu diesem Gebot soll treiben; um welches willen, wenn wir keinen Vater und Mutter hätten, sollten wir wünschen, dass uns Gott Holz und Stein vorstellte, die wir Vater und Mutter möchten heißen. Wie viel mehr, weil er uns lebendige Eltern gegeben hat, sollen wir froh werden, dass wir ihnen mögen Ehre und Gehorsam erzeigen, weil wir wissen, dass es der hohen Majestät und allen Engeln so wohlgefällt und alle Teufel verdrießt, dazu das höchste Werk ist, so man tun kann, nach dem hohen Gottesdienst in den vorigen Geboten gefasst; also dass Almosengeben und alle anderen Werke gegen den Nächsten diesem noch nicht gleich sind. Denn Gott hat diesen Stand oben angesetzt, ja an seine Statt auf Erden gestellt. Solcher Wille Gottes und Gefallen soll uns Ursache und Reizung genug sein, dass wir mit Willen und Lust täten, was wir könnten.

Dazu sind wirs ja auch schuldig vor der Welt, dass wir der Wohltat und allem Guten, so wir von den Eltern haben, dankbar seien. Aber da regiert abermal der Teufel in der Welt, dass die Kinder der Eltern vergessen, wie wir alle Gottes vergessen, und niemand denkt, wie uns Gott also nährt, hütet und schützt und so viel Gutes gibt an Leib und Seele. Sonderlich wenn einmal eine böse Stunde kommt, da zürnen und murren wir mit Ungeduld und ist alles dahin, was wir unser Leben lang Gutes empfangen haben. Eben also tun wir den Eltern auch, und ist kein Kind, das solches erkenne und bedenke, der heilige Geist gebe es denn. Solche Unart der Welt kennt Gott wohl; darum erinnert und treibt er sie mit Geboten, dass ein jeglicher denke, was ihm die Eltern getan haben. So findet er, dass er Leib und Leben von ihnen habe, dazu auch ernährt und aufgezogen sei, da er sonst hundertmal in seinem Unflat erstickt wäre. Darum ist recht und wohl gesagt von alten weisen Leuten: Deo, parentibus et magistris non potest satis gratiae rependi; das ist: Gott, den Eltern und Schulmeistern kann man nimmer genügsam danken noch vergelten. Wer das ansieht und nachdenkt, der wird wohl ungetrieben seinen Eltern alle Ehre tun und sie auf den Händen tragen, als durch die ihm Gott alles Gute getan hat. Über das alles soll das auch ein große Ursache sein, uns desto mehr zu reizen, dass Gott an dieses Gebot eine liebliche Verheißung heftet und spricht: auf dass du langes Leben habest im Lande, da du wohnst. Da siehe selbst, wie großer Ernst es Gott sei über diesem Gebote, weil er nicht allein ausdrückt, dass ihm angenehm sei, Freude und Lust darin habe, sondern solle auch uns wohl geraten und zum besten gedeihen, dass wir ein sanftes, süßes Leben mögen haben mit allem Guten. Darum auch St. Paulus Eph 6,2.3 solches hoch anzieht und rühmt, als er spricht: Das ist das erste Gebot, das eine Verheißung hat: „auf dass dirs wohl gehe und lange lebest auf Erden." Denn wiewohl die andern auch ihre Verheißung eingeschlossen haben, ists doch zu keinem so deutlich und ausgedrückt gesetzt.

Da hast du nun die Frucht und den Lohn, dass, wer es hält, soll gute Tage, Glück und Wohlfahrt haben, wiederum auch die Strafe, dass, wer ungehorsam ist, desto eher umkommen und des Lebens nicht froh werden soll. Denn langes Leben haben heißt die Schrift nicht allein wohl betaget werden, sondern alles haben, so zu langem Leben gehört, als nämlich: Gesundheit, Weib und Kind, Nahrung, Friede, gut Regiment usw., ohne welche dies Leben nicht fröhlich genossen werden noch die Länge bestehen kann. Willst du nun nicht Vater und Mutter gehorchen und dich lassen ziehen, so gehorche dem Henker. Gehorchst du dem nicht, so gehorche dem Streckebein, das ist der Tod. Denn das will Gott kurzum haben: entweder, so du ihm gehorchst, Liebe und Dienst tust, dass er dirs überschwenglich vergelte mit allem Guten, oder, wo du ihn erzürnst, dass er über dich schicke beide, Tod und Henker. Wo kommen so viel Schälke her, die man täglich hängen, köpfen und radbrechen muss, denn aus dem Ungehorsam, weil sie sich nicht mit Güte ziehen lassen, dass sie es durch Gottes Strafe so ausrichtend dass man Unglück und Herzleid an ihnen sieht. Denn gar selten geschieht, dass solche versuchte Leute eines rechten oder zeitigen Todes sterben.

Die Frommen aber und Gehorsamen haben den Segen, dass sie lange in guter Ruhe leben und ihr Kindeskind sehen (wie oben gesagt) ins dritte und vierte Glied. Wie man auch erfährt, dass, wo feine alte Geschlechter sind, die da wohl stehen und viel Kinder haben, freilich daher kommen, dass ihrer etliche wohlgezogen und ihre Eltern vor Augen gehabt haben. Wiederum steht geschrieben von den Gottlosen, Ps. 109,13: Seine Nachkommen müssen ausgerottet werden, und ihr Name müsse im andern Glied untergehen. Derhalben lasse dirs gesagt sein, wie großes Ding es ist bei Gott um den Gehorsam, weil er ihn so hoch setzt, ihm selbst so wohl gefallen lässt und reichlich belohnt, dazu so streng darüber hält zu strafen, die dawider tun.

Das rede ich alles, dass mans dem jungen Volk wohl einbläue; denn niemand glaubt, wie dies Gebot so nötig ist, doch bisher unter dem Papsttum nicht geachtet noch gelehrt. Es sind schlichte und leichte Worte, meint jedermann, er könnte es von vornherein wohl. Darum fährt man über hin und gafft nach andern Dingen, sieht und glaubt nicht, dass man Gott so hoch erzürnt, wenn man dies lässt anstehen, noch so köstlich angenehme Werke tut, so man dabei bleibt.

In dieses Gebot gehört auch weiter zu sagen von allerlei Gehorsam gegen Oberpersonen, die zu gebieten und zu regieren haben. Denn aus der Eltern Obrigkeit fließt und breitet sich aus alle andere. Denn wo ein Vater nicht allein vermag sein Kind aufziehen, nimmt er einen Schulmeister dazu, der es lehre; ist er zu schwach, so nimmt er seine Freunde oder Nachbarn zu Hilfe; geht er ab, so befiehlt er und übergibt das Regiment und Oberhand andern, die man dazu ordnet; item so muss er auch Gesinde, Knechte und Mägde zum Hausregiment unter sich haben, also dass alle, die man Herrn heißt, an der Eltern Statt sind und von ihnen Kraft und Macht zu regieren nehmen müssen. Daher sie auch nach der Schrift alle Väter heißen, als die in ihrem Regiment das Vateramt treiben und väterliches

Herz gegen die Ihren tragen sollen; wie auch von alters her die Römer und andere Sprachen Herren und Frauen im Haus Patres et Matres familias, das ist Hausväter und Hausmütter, genannt haben. Also auch ihre Landesfürsten und Oberherrn haben sie Patres patriae, das ist Väter des ganzen Landes, geheißen, uns, die wir Christen sein wollen, zu großen Schanden, dass wir sie nicht auch also heißen oder zum wenigsten dafür halten und ehren.

Was nun ein Kind Vater und Mutter schuldig ist, sind auch schuldig alle, die ins Hausregiment gefasst sind. Darum sollen Knechte und Mägde zusehen, dass sie ihren Herren und Frauen nicht allein gehorsam sein, sondern auch in Ehren halten als ihre eigenen Väter und Mütter und tun alles, was sie wissen, das man von ihnen haben will; nicht aus Zwang und Widerwillen, sondern mit Lust und Freuden eben um voriger Ursache willen, dass es Gottes Gebot ist und ihm vor allen andern Werken wohlgefällt, um welches willen sie noch Lohn sollten zugeben, und froh werden dass sie Herrn und Frauen möchten überkommen, soll fröhlich Gewissen haben und wissen, wie sie rechte goldene Werke tun sollten; welche bisher verblichen und verachtet, und dafür jedermann ins Teufels Namen in Klöster, zu Wallfahrten und Ablass gelaufen ist, mit Schaden und bösem Gewissen.

Wenn man nun solches könnte dem armen Volke einprägen, so würde ein Mägdlein in eitel Sprüngen gehen Gott loben und danken und mit säuberlicher Arbeit, dafür sie sonst Nahrung und Lohn nimmt, solchen Schatz kriegen, den alle, die man für die Heiligsten achtet, nicht haben. Ists nicht ein trefflicher Ruhm, das zu wissen und sagen: wenn du deine tägliche Hausarbeit tust, dass es besser ist denn aller Mönche Heiligkeit und strenges Leben? Und hast dazu die Zusagung, dass es dir zu allem Guten gedeihen soll und wohl gehen; wie willst du seliger sein oder heiliger leben, soviel die Werke betrifft? Denn vor Gott eigentlich der Glaube heilig macht und allein ihm dient, die Werke aber den Leuten. Da hast du alles Gut, Schutz und Schirm unter dem Herrn, ein fröhliches Gewissen und gnädigen Gott dazu, der dirs hundertfältig vergelten will, und bist gar ein Junker, wenn du nur fromm und gehorsam bist. Wo aber nicht, hast du erstlich eitel Zorn und Ungnade von Gott, keinen Frieden im Herzen, darnach alle Plage und Unglück. Welchen nun solches nicht bewegen will und fromm machen, den befehlen wir dem Henker und Streckebein. Darum bedenke ein jeglicher, der sich will sagen lassen, dass es Gott kein Scherz ist, und wisse, dass Gott mir dir redet und Gehorsam fordert. Gehorchst du ihm, so bist du das liebe Kind; verachtest du es aber, so habe auch Schande, Jammer und Herzeleid zu Lohn.

Desgleichen ist auch zu reden von Gehorsam weltlicher Obrigkeit, welche (wie gesagt) alle in den Vaterstand gehört und am allerweitesten um sich greift. Denn hier ist nicht ein einzelner Vater, sondern so vielmal Vater, soviel er Landsassen, Bürger oder Untertanen hat. Denn Gott gibt und erhält uns durch sie - als durch unsere Eltern - Nahrung, Haus und Hof, Schutz und Sicherheit. Darum weil sie solchen Namen und Titel als ihren höchsten Preis mit allen Ehren führen, sind wir auch schuldig, dass wir sie ehren und groß achten für den teuersten Schatz und köstlichste Kleinod auf Erden.

Wer nun hier gehorsam, willig und dienstbar ist und gern tut alles, was die Ehre belangt, der weiß, dass er Gott gefallen tut, Freude und Glück zu Lohn kriegt. Will ers nicht mit Liebe tun, sondern verachten und sich sperren oder rumoren, so wisse er auch wiederum, dass er keine Gnade noch Segen habe, und wo er einen Gulden damit meint zu erlaufen, anderswo zehnmal mehr dagegen verliere, oder dem Henker zuteil werde, durch Krieg, Pestilenz und Teurung umkomme, oder an seinen Kindern kein Gutes erlebe, von Gesinde, Nachbarn oder Fremden und Tyrannen Schaden, Unrecht und Gewalt leiden müsse, auf dass uns bezahlt werde und heimkomme was wir suchen und verdienen.

Wenn uns nur einmal zu sagen wäre, dass solche Werke Gott so angenehm sind und so reichliche Belohnung haben, würden wir in eitel überschwänglichen Gütern sitzen und haben, was unser Herz begehrt. Weil man aber Gottes Wort und Gebote so gar verächtlich hält, als hätte es irgendein Holhipler geredet, so lass auch sehen, ob du der Mann seiest, der ihm entsitzen könnte. Wie schwer wirds ihm wohl werden, dass er dich wieder bezahle. Darum lebtest du gewisslich so mehr mit Gottes Hulde, Friede und Glück als mit Ungnade und Unglück. Warum anders, meinst du, dass jetzt die Welt so voll Untreu, Schande, Jammer und Mord ist, denn dass jedermann sein eigener Herr und Kaiserfrei will sein, auf niemand etwas geben und alles, was ihn gelüstet? Darum straft Gott einen Buben mit dem andern, dass, wo du deinen Herrn betrügst oder verachtest, ein anderer komme, der dir wieder also mitfahre, ja dass du in deinem Haus von Weib, Kind oder Gesinde zehnmal mehr leiden müssest.

Wir fühlen unser Unglück wohl, murren und klagen über Untreu, Gewalt und Unrecht, wollen aber nicht sehen, dass wir selbst Buben sind, die Strafe redlich verdient haben und nichts davon besser werden; wir wollen keine Gnade und Glück haben, darum haben wir billig eitel Unglück, ohne alle Barmherzigkeit. Es müssen noch etwa fromme Leute auf Erden sein, dass uns Gott noch so viel Gutes lässt; unserthalb sollten wir keinen Heller im Haus, keinen Strohhalm auf dem Felde behalten. Das alles habe ich müssen mit so viel Worten treiben, ob es einmal jemand wollte zu Herzen nehmen, dass wir der Blindheit und Jammers, darin wir so tief gelegen sind, möchten los werden, Gottes Wort und Willen recht erkennen und mit Ernst annehmen. Denn daraus würden wir lernen, wie wir könnten Freude, Glück und Heil zeitlich und ewig genug haben.

Also haben wir dreierlei Väter in diesem Gebote vorgestellt: des Geblüts, im Hause und im Lande. Darüber sind auch noch geistliche Väter, nicht wie im Papsttum, die sich wohl also haben lassen nennen, aber kein väterliches Amt geführt. Denn das heißen allein geistliche Väter, die uns durch Gottes Wort regieren und vorstehen, wie sich St. Paulus ein Vater rühmt, 1. Kor. 4,15 da er spricht: Ich habe euch gezeugt in Christo Jesu durch das Evangelium. Weil sie nun Väter sind, gebührt ihnen auch die Ehre, auch wohl vor allen andern; aber da geht sie am wenigsten; denn die Welt muss sie so ehren, dass man sie aus dem Lande jage und nicht ein Stück Brotes gönne, und Summa, sie müssen (wie Paulus sagt) der Welt Kehricht und jedermanns Schabab sein. Doch ist not, solches auch in den Pöbel zu treiben, dass die da Christen heißen wollen, vor Gott schuldig sind, die, so ihrer Seele warten, zwiefacher Ehre wertzuhalten, wohltun und versorgen; da will dir Gott auch genug zugeben und keinen Mangel lassen. Aber da sperrt und wehrt sich jedermann, haben alle Sorge, dass der Bauch verschmachte und können jetzt nicht einen rechtschaffenen Prediger nähren, da wir zuvor zehn Mastbäuche gefüllt haben. Damit wir auch verdienen, dass uns Gott seines Worts und Segens beraube und wiederum Lügenprediger aufstehen lasse, die uns zum Teufel führen, dazu unser Schweiß und Blut aussaugen.

Welche aber Gottes Willen und Gebot vor Augen halten, haben die Verheißung, dass ihnen reichlich soll vergolten werden, was sie beide, an leibliche und geistliche Väter, wenden und zu Ehren tun; nicht dass sie ein Jahr oder zwei Brot, Kleider und Geld haben sollen, sondern langes Leben, Nahrung und Friede, und sollen ewig reich und selig sein. Darum tue nur, was du schuldig bist, und lasse Gott dafür sorgen, wie er dich nähre und genug schaffe. Hat ers verheißen und noch nie gelogen, so wird er dir auch nicht lügen. Solches sollte uns je reizen und ein Herz machen, das zerschmelzen möchte vor Lust und Liebe gegen die, so wir Ehre schuldig sind, dass wir die Hände aufhüben und fröhlich Gott dankten, der uns solche Verheißung gegeben hat, darnach wir bis an der Welt Ende laufen sollten. Denn obgleich alle Welt zusammen täte, vermöchte sie uns nicht ein Stündlein zum Leben zu legen oder ein Körnlein aus der Erde zu geben. Gott aber kann und will dir alles überschwänglich nach deines Herzen Lust geben. Wer nun solches verachtet und in Wind schlägt, der ist je nicht wert, dass er ein Gotteswort höre. Das ist nun zum Überfluss gesagt allen, so unter dies Gebot gehören.

Daneben wäre auch wohl zu predigen den Eltern und was ihr Amt führt, wie sie sich halten sollen gegen die, so ihnen befohlen sind zu regieren. Welches, wiewohl es in den zehn Geboten nicht ausgedrückt steht, ist es doch sonst an vielen Orten der Schrift reichlich geboten. Auch will es Gott eben in diesem Gebote mit eingebunden haben, wenn er Vater und Mutter nennt; denn er will nicht Buben und Tyrannen zu diesem Amt und

Regiment haben, gibt ihnen auch nicht darum die Ehre, das ist Macht und Recht zu regieren, dass sie sich anbeten lassen, sondern denken, dass sie unter Gottes Gehorsam sind, und vor allen Dingen sich ihres Amtes herzlich und treulich annehmen, ihre Kinder, Gesinde, Untertanen usw. nicht allein zu nähren und leiblich zu versorgen, sondern allermeist zu Gottes Lob und Ehre aufzuziehen. Darum denke nicht, dass solches zu deinem Gefallen und eigener Willkür stehe, sondern dass Gott streng geboten und aufgelegt hat, welchem du auch dafür wirst müssen antworten.

Da ist nun abermal die leidige Plage, dass niemand solches wahrnimmt noch achtet, gehen hin, als gäbe uns Gott Kinder, unser Lust und Kurzweil daran zu haben, das Gesinde wie eine Kuh oder Esel allein zur Arbeit zu gebrauchen oder mit den Untertanen unsers Mutwillens zu leben, lassen sie gehen, als gings uns nichts an, was sie lernen oder wie sie leben, und will niemand sehen, dass der hohen Majestät Befehl ist, die solches ernstlich wird fordern und rächen, noch dass so große Not tut, dass man sich der Jugend mit Ernst annehme. Denn wollen wir feine, geschickte Leute haben, - beide, zu weltlichem und geistlichem Regiment, so müssen wir wahrlich keinen Fleiß, Mühe noch Kosten an unsern Kindern sparen, zu lehren und erziehen, dass sie Gott und der Welt dienen mögen, und nicht allein denken, wie wir ihnen Geld und Gut sammeln. Denn Gott kann sie wohl ohne uns nähren und reich machen, wie er auch täglich tut. Darum aber hat er uns Kinder gegeben und befohlen, dass wir sie nach seinem Willen aufziehen und regieren, sonst bedurfte er Vater und Mutter nirgend zu. Darum wisse ein jeglicher, dass er schuldig ist, bei Verlust göttlicher Gnade, dass er seine Kinder vor allen Dingen zu Gottes Furcht und Erkenntnis ziehe, und wo sie geschickt sind, auch lernen und studieren lasse, dass man sie, wozu es not ist, brauchen könnte.

Wenn man nun solches täte, wurde uns Gott auch reichlich segnen und Gnade geben, dass man solche Leute erzöge, da Land und Leute gebessert möchten werden; dazu feine gezogene Bürger, züchtige und häusliche Frauen, die darnach fortan fromme Kinder und Gesinde ziehen möchten. Da denke nun selbst, wie mordlichen Schaden du tust, wo du darin versäumlich bist und es an dir lässt fehlen, dass dein Kind nützlich und seliglich erzogen werde; dazu alle Sünde und Zorn auf dich bringst und also gleich die Hölle an deinen eigenen Kindern verdienst, ob du gleich sonst fromm und heilig wärst. Derhalben auch Gott, weil man solches verachtet, die Welt so greulich straft, dass man keine Zucht, Regiment noch Friede hat; welches wir auch alle beklagen, sehen es aber nicht, dass es unsere Schuld ist. Denn wie wir sie ziehen, so haben wir ungeratene und ungehorsame Kinder und Untertanen. Das sei genug zur Vermahnung; denn solches in die Länge zu treiben gehört auf eine andere Zeit.

DAS FÜNFTE GEBOT

Du sollst nicht töten

Wir haben nun ausgerichtet beide, geistliches und weltliches Regiment, das ist göttliche und väterliche Obrigkeit und Gehorsam. Hier aber gehen wir nun aus unserm Haus unter die Nachbarn, zu lernen, wie wir untereinander leben sollen, ein jeglicher für sich selbst, gegen seinen Nächsten. Darum ist in diesem Gebote nicht eingezogen Gott und die Obrigkeit, noch die Macht genommen, so sie haben zu töten. Denn Gott sein Recht, Übeltäter zu strafen, der Obrigkeit an der Eltern statt befohlen hat, welche vorzeiten (als man in Mose liest) ihre Kinder selbst mussten vor Gericht stellen und zum Tode urteilen. Derhalben, was hier verboten ist, ist einem gegen den andern verboten und nicht der Obrigkeit.

Dies Gebot ist nun leicht genug und oft behandelt, weil mans jährlich im Evangelio hört, Mt 5,21, da es Christus selbst auslegt und in eine Summa fasst, nämlich dass man nicht töten soll weder mit Hand, Herzen, Mund, Zeichen, Geberden noch Hilfe und Rat. Darum ist darin jedermann verboten zu zürnen, ausgenommen (wie gesagt) die an Gottes Statt sitzen, das ist, Eltern und Obrigkeit. Denn Gott und was in göttlichem Stand ist gebührt zu zürnen, schelten und strafen, eben um derer willen, so dies und andere Gebote übertreten. Ursache aber und Not dieses Gebotes ist, dass Gott wohl weiß, wie die Welt böse ist und dies Leben viel Unglück hat. Darum hat er dies und andere Gebote zwischen Gut und Böse gestellt. Wie nun mancherlei Anfechtung ist wider alle Gebote, also gehts hier auch, dass wir unter viel Leuten leben müssen, die uns Leid tun, dass wir Ursache kriegen, ihnen feind zu sein. Zum Beispiel wenn dein Nachbar sieht, dass du besser Haus und Hof, mehr Gutes und Glückes von Gott hast denn er, so verdrießts ihn, neidet dich und redet nichts Gutes von dir. Also kriegst du viel Feinde durch des Teufels Anreizung, die dir kein Gutes, weder leiblich noch geistlich, gönnen; wenn man denn solche sieht, so will unser Herz wiederum wüten und bluten und sich rächen. Da erhebt sich denn wieder Fluchen und Schlagen, daraus endlich Jammer und Mord folgt. Da kommt nun Gott zuvor wie ein freundlicher Vater, legt sich ins Mittel und will den geschieden haben, dass kein Unglück daraus entstehe noch einer den andern verderbe; und Summa will er hiermit einen jeglichen beschirmt, befreit und befriedet haben vor jedermanns Frevel und Gewalt und dies Gebot zur Ringmauer, Feste und Freiheit gestellt haben um den Nächsten, dass man ihm kein Leid noch Schaden am Leib tue.

So steht nun dies Gebot darauf, dass man niemand ein Leid tue um irgendeines bösen Stückes willen, ob ers gleich höchlich verdient. Denn wo Totschlag verboten ist, da ist auch alle Ursache verboten, daher Totschlag entspringen mag. Denn mancher, ob er nicht tötet, so flucht er doch und wünscht, dass, wer es sollte am Hals haben, würde nicht weit laufen. Weil nun solches jedermann von Natur anhängt und im Gemeinden Brauch ist, dass keiner vom andern leiden will, so will Gott die Wurzel und Ursprung wegräumen, durch welche das Herz wider den Nächsten erbittert wird, und uns gewöhnen, dass wir allezeit dies Gebot vor Augen haben und uns darin spiegeln, Gottes Willen ansehen und ihm das Unrecht, so wir leiden, befehlen mit herzlichem Vertrauen und Anrufen seines Namens und also jene feindlich scharren und zürnen lassen, dass sie tun, was sie könnten. Also dass ein Mensch lerne den Zorn stillen und ein geduldiges, sanftes Herz tragen, sonderlich gegen die, die ihm Ursache zu zürnen geben, das ist gegen die Feinde.

Darum ist die ganze Summa davon (den Einfältigen aufs deutlichste einzuprägen, was da heiße nicht töten): zum ersten, dass man niemand Leid tue erstlich mit der Hand oder Tat, darnach die Zunge nicht brauchen lasse, dazu zu reden oder raten; über das keinerlei Mittel oder Weise brauche noch bewillige, dadurch jemand möchte beleidigt werden, und endlich, dass das Herz niemand feind sei noch aus Zorn und Hass Böses gönne; also dass Leib und Seele unschuldig sei an jedermann, eigentlich aber an dem, der dir Böses wünscht oder zufügt. Denn dem, der dir Gutes gönnt und tut, Böses tun, ist nicht menschlich, sondern teuflisch.

Zum andern ist auch dieses Gebots schuldig nicht allein, der da Böses tut, sondern auch wer dem Nächsten Gutes tun, zuvorkommend wehren, schützen und retten kann, dass ihm kein Leid noch Schaden am Leibe widerfahre, und tut es nicht. Wenn du nun einen Nackten lässt gehen und könntest ihn kleiden, so hast du ihn erfrieren lassen. Siehst du jemand Hunger leiden und speisest ihn nicht, so lässt du ihn Hungers sterben. Also siehst du jemand zum Tode verurteilt oder in gleicher Not, und rettest nicht, so du Mittel und Wege dazu wüsstest, so hast du ihn getötet. Und wird nicht helfen, dass du verwendest, du habest keine Hilfe, Rat noch Tat dazu gegeben; denn du hast ihm die Liebe entzogen und der Wohltat beraubt, dadurch er bei dem Leben geblieben wäre.

Darum heißt auch Gott billig die alle Mörder, so in Nöten und Gefahr Leibes und Lebens nicht raten noch helfen, und wird gar ein schreckliches Urteil über sie gehen lassen am jüngsten Tag, wie Christus selbst verkündigt, und sprechen: Ich bin hungrig und durstig gewesen, und ihr habt mich nicht gespeist noch getränkt; ich bin ein Gast gewesen und ihr habt mich nicht beherbergt; ich bin nackt gewesen, und ihr habt mich nicht bekleidet; ich bin krank und gefangen gewesen, und ihr habt mich nicht besucht. Das ist: Ihr hättet mich und die Meinen wohl lassen Hungers, Durstes und Frostes sterben, die wilden Tiere zerreißen, im Gefängnis verfaulen und in Nöten verderben lassen. Was heißt das anders denn Mörder und Bluthunde gescholten? Denn ob du solches nicht mit der Tat begangen hast, so hast du ihn doch im Unglück stecken und umkommen lassen, soviel an dir gelegen ist. Und ist ebensoviel, als ob ich jemand sähe auf tiefem Wasser fahren und arbeiten oder in ein Feuer gefallen und könnte ihm die Hand reichen, herausreißen und retten, und täte es doch nicht, wie würde ich anders auch vor aller Welt bestehen denn ein Mörder und Bösewicht? Darum ist die endliche Meinung Gottes, dass wir keinem Menschen Leid widerfahren lassen, sondern alles Gute und Liebe beweisen, und ist (wie gesagt) eigentlich gegen die gerichtet, so unsere Feinde sind. Denn dass wir Freunden Gutes tun, ist noch eine schlechte, heidnische Tugend, wie Christus Mt 5,46 sagt.

Da haben wir nun abermal Gottes Wort, damit er uns reizen und treiben will zu rechten, edlen, hohen Werken, - als Sanftmut, Geduld, und Summa, Liebe und Wohltat gegen unsere Feinde, und will uns immerdar erinnern, dass wir zurückdenken des ersten Gebotes, dass er unser Gott sei, das ist uns helfen, beistehen und schützen wolle, auf dass er die Lust, uns zu rächen, dämpfe.

Solches sollte man nun treiben und bläuen, so würden wir gute Werke alle Hände voll zu tun haben. Aber das wäre nicht für die Mönche gepredigt, dem geistlichen Stand zu viel abgebrochen, der Karthäuser Heiligkeit zu nahe und sollte wohl eben gute Werke verboten und Klöster geräumet heißen. Denn mit der Weise würde der Gemeinde Christenstand gleich soviel, ja weit und viel mehr gelten, und jedermann sehen, wie sie die Welt mit falschem, heuchlischem Schein der Heiligkeit äffen und verführen, weil sie dies und andere Gebote in Wind geschlagen und für unnötig gehalten, als wärens nicht Gebote, sondern Räte, und daneben unverschämt ihren Heuchelstand und Werke für das vollkommenste Leben gerühmt und ausgeschrieen, auf dass sie ja ein gutes, sanftes Leben führten ohne Kreuz und Geduld. Darum sie auch in die Klöster gelaufen sind, dass sie von niemand etwas leiden noch jemand Gutes tun dürften. Du aber wisse, dass dies die rechten, heiligen und göttlichen Werke sind, welcher er sich mit allen Engeln freut, dagegen alle menschliche Heiligkeit Stank und Unflat ist, dazu nichts anderes denn Zorn und Verdammnis verdient.

DAS SECHSTE GEBOT

Du sollst nicht ehebrechen

Diese Gebote sind nun an sich selbst leicht zu verstehen aus dem nächsten, denn sie gehen alle dahin, dass man sich hüte vor allerlei Schaden des Nächsten; sind aber fein ordentlich gestellt. Zum ersten auf seine eigene Person; danach fortgefahren auf die nächste Person oder das nächste Gut nach seinem Leibe, nämlich sein eheliches Gemahl, welches mit ihm ein Fleisch und Blut ist, also dass man ihm an keinem Gut höheren Schaden tun kann. Darum auch deutlich hier ausgedrückt wird, dass man ihm keine Schande zufügen soll an seinem Eheweibe. Und lautet eigentlich auf den Ehebruch, darum dass im jüdischen Volk so geordnet und geboten war, dass jedermann musste ehelich erfunden werden, darum auch die Jugend aufs zeitlichste beraten ward, also dass Jungfrauenstand nichts galt, auch kein öffentliches Huren- und Bubenleben (wie jetzt) gestattet ward. Darum ist der Ehebruch die gemeinste Unkeuschheit bei ihm gewesen.

Weil aber bei uns ein solches schändliches Gemenge und Grundsuppe aller Untugend und Büberei ist, ist dies Gebot auch wider alle Unkeuschheit gestellt, wie man sie nennen mag, und nicht allein äußerlich die Tat verboten, sondern auch allerlei Ursache, Reizung und Mittel; also dass Herz, Mund und der ganze Leib keusch sei, keinen Raum, Hilfe noch Rat zur Unkeuschheit gebe, und nicht allein das, sondern auch wehre, schütze und rette, wo die Gefahr und Not ist, und wiederum helfe und rate, dass sein Nächster bei Ehren bleibe. Denn wo du solches nachlässt, so du könntest dafür sein, oder durch die Finger siehst, als ging dichs nicht an, bist du eben sowohl schuldig als der Täter selbst. Also ist, aufs kurze zu fassen, so viel gefordert, dass ein jeglicher beide für sich selbst keusch lebe und dem Nächsten auch dazu helfe; also dass Gott durch dies Gebot eines jeglichen ehelich Gemahl will umschränkt und bewahrt haben, dass sich niemand daran vergreife.

Dieweil aber dies Gebot so eben auf den Ehestand gerichtet ist und Ursache gibt davon zu reden, sollst du wohl fassen und merken: zum ersten, wie Gott diesen Stand so herrlich ehrt und preist, damit er ihn durch sein Gebot beide bestätigt und bewahrt. Bestätigt hat er ihn droben im vierten Gebot: du sollst Vater und Mutter ehren; hier aber hat er ihn (wie gesagt) verwahrt und beschützt. Darum will er ihn auch von uns geehrt, gehalten und geführt haben als einen göttlichen Stand, weil er ihn erstlich vor allen andern eingesetzt hat und darum unterschiedlich Mann und Weib geschaffen (wie vor Augen), nicht zur Büberei, sondern dass sie sich zusammen halten, fruchtbar seien, Kinder zeugen, nähren und aufziehen zu Gottes Ehren. Darum ihn auch Gott vor allen Ständen aufs reichlichste gesegnet hat, dazu alles, was in der Welt ist, darauf gewandt und ihm eingetan, dass dieser Stand je wohl und reichlich versorgt würde; also dass kein Scherz noch Fürwitz, sondern treffliches Ding und göttlicher Ernst es ist um das eheliche Leben. Denn es liegt ihm alle Macht daran, dass man Leute ziehe, die der Welt dienen und helfen zu Gottes Erkenntnis, seligem Leben und allen Tugenden, wider die Bosheit und den Teufel zu streiten.

Darum habe ich immerdar gelehrt, dass man diesen Stand nicht verachte noch schimpflich halte, wie die blinde Welt und unsere falschen Geistlichen tun, sondern nach Gottes Wort ansehe, damit er geschmeckt und geheiligt ist, also dass er nicht allein andern Ständen gleichgesetzt ist, sondern vor und über sie alle geht, es seien Kaiser, Fürsten, Bischöfe und wer sie wollen. Denn was beide, geistliche und weltliche Stände sind, müssen sich demütigen und alle in diesem Stand finden lassen, wie wir hören werden. Darum ist es nicht ein sonderlicher, sondern der gemeinste, edelste Stand, so durch den ganzen Christenstand, ja durch alle Welt geht und reicht. Zum andern sollst du auch wissen, dass es nicht allein ein ehrlicher, sondern auch ein nötiger Stand ist und ernstlich von Gott geboten, dass sich insgemein hindurch alle Stände, Mann- und Weibsbilder, so dazu geschaffen sind, darin finden lassen; doch etliche (wiewohl wenig) ausgenommen, welche Gott sonderlich ausgezogen, dass sie zum ehelichen Stand nicht tüchtig sind, oder durch hohe, übernatürliche Gabe befreit hat, dass sie außer dem Stande Keuschheit halten können. Denn wo die Natur geht, wie sie von Gott eingepflanzt ist, ist es nicht möglich, außer der Ehe keusch zu bleiben; denn Fleisch und Blut bleibt Fleisch und Blut, und geht die natürliche Neigung und Reizung ungewehrt und unverhindert, wie jedermann sieht und fühlt. Derhalben, auf dass desto leichter wäre Unkeuschheit etlichermaßen zu meiden, hat auch Gott den Ehestand befohlen, dass ein jeglicher sein bescheiden Teil habe und ihm daran genügen lasse; wiewohl noch Gottes Gnade dazu gehört, dass das Herz auch keusch sei. Daraus siehst du, wie unser päpstischer Haufe, Pfaffen, Mönche, Nonnen, wider Gottes Ordnung und Gebot streben, so den Ehestand verachten und verbieten und sich ewige Keuschheit zu halten vermessen und geloben, dazu die Einfältigen mit lügenhaftigen Worten und Schein betrügen. Denn niemand so wenig Liebe und Lust zur Keuschheit hat, als eben die den Ehestand vor großer Heiligkeit meiden und entweder öffentlich und unverschämt in Hurerei liegen oder heimlich noch ärger treiben, dass mans nicht sagen darf, wie man leider allzuviel erfahren hat. Und kürzlich, ob sie gleich des Werkes sich enthalten, so stecken sie doch im Herzen voll unkeuscher Gedanken und böser Lust, dass da ein ewiges Brennen und heimliches Leiden ist, welches man im ehelichen Leben umgehen kann. Darum ist durch dies Gebot aller unehelichen Keuschheit Gelübde verdammt und Urlaub gegeben, ja auch geboten allen armen gefangenen Gewissen, so durch ihre Klöstergelübde betrogen sind, dass sie aus dem unkeuschen Stand ins eheliche Leben treten, angesehen dass, ob sonst gleich das Klosterleben göttlich wäre, doch nicht in ihrer Kraft steht, Keuschheit zu halten, und wo sie darin bleiben, nur mehr und weiter wider dies Gebot sündigen müssen.

Solches rede ich nun darum, dass man das junge Volk dazu halte, dass sie Lust zum Ehestand gewinnen und wissen, dass es ein seliger Stand und Gott gefällig ist. Denn damit könnte mans mit der Zeit wiederum dahin bringen, dass er wieder zu seinen Ehren käme und des untätigen, wüsten, unordentlichen Wesens weniger würde, so jetzt allenthalben in der Welt zu Zoten geht mit öffentlicher Hurerei und andern schändlichen Lastern, so aus Verachtung des ehelichen Lebens gefolgt sind. Darum sind hier die Eltern und Obrigkeit auch schuldig, auf die Jugend zu sehen, dass man sie zur Zucht und Ehrbarkeit aufziehe, und wenn sie erwachsen, mit Gott und Ehren berate. Dazu würde er seinen Segen und Gnade geben, dass man Lust und Freude davon hätte.

Aus dem allen sei nun zu beschließen gesagt, dass dies Gebot nicht allein fordert, dass jedermann mit Werken, Worten und Gedanken keusch lebe in seinem, das ist allermeist im ehelichen Stande, sondern auch sein Gemahl, von Gott gegeben, lieb und wert halte. Denn wo eheliche Keuschheit soll gehalten werden, da müssen Mann und Weib vor allen Dingen in Liebe und Eintracht beieinander wohnen, dass eines das andere von Herzen und mit ganzer Treue meine. Denn das ist der vornehmsten Stücke eines, das Liebe und Lust zur Keuschheit macht, welches, wo es geht, wird auch Keuschheit wohl von selbst folgen ohne alles Gebieten; deshalb auch St. Paulus so fleißig die Eheleute ermahnt, dass eines das andere liebe und ehre. Da hast du nun abermals ein köstliches, ja viel und große gute Werke, welche du fröhlich rühmen kannst wider alle geistliche Stände, ohne Gottes Wort und Gebot erwählt.

DAS SIEBENTE GEBOT

Du sollst nicht stehlen

Nach deiner Person und ehelichem Gemahl ist zeitlich Gut das nächste; das will Gott auch verwahrt haben und geboten, dass niemand dem Nächsten das Seine abbreche noch verkürze. Denn stehlen heißt nicht anders denn eines andern Gut mit Unrecht zu sich bringen, damit kürzlich begriffen ist allerlei Vorteil mit des Nächsten Nachteil in allerlei Händeln. Das ist nun gar ein weitläufiges, Gemeindes Laster, aber so wenig geachtet und wahrgenommen, dass es über die Maßen ist, also dass, wo man sie alle an Galgen hängen sollte, was Diebe sind und doch nicht heißen wollen, sollte die Welt bald wüst werden und beide, an Henkern und Galgen, gebrechen. Denn es soll (wie jetzt gesagt) nicht allein gestohlen heißen, dass man Kasten und Taschen räumt, sondern um sich greifen auf dem Markt, in allen Krämen, Scheren, Wein- und Bierkellern, Werkstätten und kürzlich, wo man hantiert, Geld um Ware oder Arbeit nimmt und gibt.

Zum Beispiel nämlich, dass wirs für den Gemeinden Haufen ein wenig grob ausstreichen, dass man doch sehe, wie fromm wir sind; wenn ein Knecht oder Magd im Haus nicht treulich dient und Schaden tut oder geschehen lässt, den sie wohl abwehren könnte, oder sonst ihr Gut verwahrlost und versäumt aus Faulheit, Unfleiß oder Bosheit, zu Trotz und Verdruss Herrn und Frauen, und wie solches mutwillig geschehen kann (denn ich rede nicht von dem, das versehen und ungern getan ist): da kannst du ein Jahr dreißig oder vierzig Gulden und mehr entwenden, welches, so ein anderer heimlich genommen oder enttragen hätte, müsste er am Strick erwürgen, aber hier darfst du noch trotzen und pochen, und darf dich niemand einen Dieb heißen. Desgleichen rede ich auch von Handwerksleuten, Arbeitern, Tagelöhnern, die ihren Mutwillen brauchen und nicht wissen, wie sie die Leute übersetzen sollen, und doch lässig und untreu in der Arbeit sind. Diese alle sind weit über die heimlichen Diebe, vor denen man Schloß und Riegel legen kann, oder wo man sie begreift, also mitfährt, dass sie es nicht mehr tun. Vor diesen aber kann sich niemand hüten, darf sie auch niemand sauer ansehen oder eines Diebstahls zeihen, dass einer zehnmal lieber aus dem Beutel verlieren sollte. Denn da sind meine Nachbarn, gute Freunde, mein eigenes Gesinde, dazu ich mich Gutes versehe, die mich am allerersten berücken.

Also auch fort auf dem Markt und Gemeinden Händeln geht es mit voller Macht und Gewalt, da einer den anderen öffentlich mit falscher Ware, Maß, Gewicht, Münze betrügt und mit Behendigkeit und seltsamen Finanzen oder geschwinden Fündlein übervorteilt, weiter mit dem Kauf übersetzt und nach seinem Mutwillen beschwert, schindet und plagt. Und wer kann solches alles erzählen oder erdenken? Summa, das ist das gemeinste Handwerk und die größte Zunft auf Erden. Und wenn man die Welt jetzt durch alle Stände ansieht, so ist sie nichts anders denn ein großer, weiter Stall voll großer Diebe. Darum heißen sie auch Stuhlräuber, Land- und Straßendiebe, nicht Kastenräuber noch Meucheldiebe, die aus der Barschaft zwacken, sondern die auf dem Stuhl sitzen und heißen große Junker und ehrsame, fromme Bürger, und mit gutem Schein rauben und stehlen. ja hier wäre noch zu schweigen von geringen einzelnen Dieben, wenn man die großen, gewaltigen Erzdiebe sollte angreifen, die nicht eine Stadt oder zwei, sondern ganz Deutschland täglich ausstehlen. Ja wo bliebe das Haupt und oberster Schutzherr aller Diebe, der heilige Stuhl zu Rom, mit all seiner Zugehör, welcher aller Welt Güter mit Dieberei zu sich gebracht und bis auf diesen Tag innehat? Kürzlich, so gehts in der Welt, dass, wer öffentlich stehlen und rauben kann, geht sicher und frei dahin, von jedermann ungestraft, und will dazu geehrt sein; dieweil müssen die kleinen heimlichen Diebe, so sich einmal vergriffen haben, die Schande und Strafe tragen, jene fromm und zu Ehren machen. Doch sollen sie wissen, dass sie vor Gott die größten Diebe sind, der sie auch, wie sie wert sind und verdienen, strafen wird.

Weil nun dies Gebot so weit um sich greift, wie jetzt angezeigt, ists Not, dem Pöbel wohl vorzuhalten und auszustreichen, dass man sie nicht so frei und sicher hingehen lasse, sondern immer Gottes Zorn vor Augen stelle und einbläue. Denn wir müssen solches nicht Christen, sondern allermeist Buben und Schälken predigen, welchen wohl billiger Richter, Stockmeister oder Meister Hans predigen sollte. Darum wisse ein jeglicher, dass er schuldig ist bei Gottes Ungnaden, nicht allein seinem Nächsten keinen Schaden zu tun noch seinen Vorteil zu entwenden noch im Kaufe oder irgendeinem Handel irgendwelche Untreue oder Tücke zu beweisen, sondern auch sein Gut treulich zu verwahren, seinen Nutzen zu verschaffen und fordern, sonderlich so er Geld, Lohn und Nahrung dafür nimmt.

Wer nun solches mutwillig verachtet, mag wohl hingehen und dem Henker entlaufen, wird aber Gottes Zorn und Strafe nicht entgehen, und wenn er seinen Trotz und Stolz lang treibt, doch ein Landläufer und Bettler bleiben, alle Plage und Unglück dazu haben. Jetzt gehst du hin, da du solltest deines Herrn oder Frau Gut bewahren, dafür du deinen Kropf und Bauch füllst, nimmst deinen Lohn als ein Dieb, lässt dich dazu feiern als ein Junker, wie ihrer viele sind, die Herrn und Frauen noch trotzen und ungern zu Lieb und Dienst täten, einen Schaden abzuwehren. Siehe aber zu, was du daran gewinnst, dass, wo du dein Eigenes überkommst und zu Haus sitzt, dazu Gott mit allem Unglück helfen wird, soll sichs wieder finden und heimkommen, dass, wo du einen Heller abgebrochen oder Schaden getan hast, dreißigfältig bezahlen müssest.

Desgleichen soll es Handwerksleuten und Taglöhnern gehen, von welchen man jetzt unleidlichen Mutwillen hören und leiden muss, als wären sie Junker in fremdem Gut, und jedermann müsse ihnen wohl geben, wie viel sie wollen. Solche lasse nur getrost schinden, solange sie können; aber Gott wird seines Gebotes nicht vergessen und ihnen auch lohnen. wie sie gedient haben, und hängen, nicht an einen grünen, sondern dürren Galgen, dass sie ihr Leben lang nicht gediehen noch etwas vor sich bringen. Und zwar wenn ein recht geordnetes Regiment in Landen wäre, könnte man solchen Mutwillen bald steuern und wehren, wie vorzeiten bei den Römern gewesen ist, da man solchen flugs auf die Hauben griff, dass sich andere daran stoßen mussten.

Also soll es allen andern gelingen, so aus dem offenen freien Markt nichts denn ein Schindleich und Raubhaus machen, da man täglich die Armen übersetzt, neue Beschwerung und Teuerung macht und jeglicher des Marktes braucht nach seinem Mutwillen, trotzt und stolzt dazu, als habe er gut Fug und Recht, das Seine so teuer zu geben als ihn gelüstet, und soll ihm niemand dreinreden. Denen wollen wir wartend zusehen, schinden, zwacken und geizen lassen, aber Gott vertrauen, der es doch ohne das tun wird, dass er, wenn du lange geschunden und geschreppelt hast, einen Segen darüber spreche, dass dir dein Korn auf dem Boden, dein Bier im Keller, dein Vieh im Stall verderbe; ja wo du jemand um einen Gulden täuschest und vervorteilst, soll dirs den ganzen Haufen wegrosten und fressen, dass du seiner nimmer froh werdest.

Solches sehen und erfahren wir zwar vor Augen täglich erfüllt werden, dass kein gestohlenes und fälschlich gewonnenes Gut gedeiht. Wieviel sind ihrer, so Tag und Nacht scharren und kratzen und doch keines Hellers reicher werden? Und ob sie viel sammeln, doch so viel Plage und Unglück müssen haben, dass sie es nicht mit Freuden genießen noch auf ihre Kinder erben können. Aber weil sich niemand daran kehrt und hingehen, als gings uns nichts an, muss er uns anders heimsuchen und Mores lehren, dass er eine Landschätzung über die andere über uns schicke oder einen Haufe Landsknechte zu Gast lade, die uns auf eine Stunde Kasten und Beutel räumen und nicht aufhören, solange wir einen Heller behalten, dazu zu Dank Haus und Hof verbrennen und verheeren, Weib und Kinder schänden und umbringen. Und Summa: Stiehlst du viel, so versiehe dich gewisslich, dass dir noch so viel gestohlen werde, und wer mit Gewalt und Unrecht raubt und gewinnt, einen andern leide, der ihm auch also mitspiele. Denn die Kunst kann Gott meisterlich, weil jedermann den andern beraubt und stiehlt, dass er einen Dieb mit dem andern straft; wo wollte man sonst Galgen und Stricke genug nehmen?

Wer sich nun will sagen lassen, der wisse, dass es Gottes Gebot ist und für keinen Scherz will gehalten sein. Denn ob du uns verachtest, betrügst, stiehlst und raubst, wollen wirs zwar noch zukommen und deinen Hochmut ausstehen, leiden und, dem Vaterunser nach, vergeben und erbarmen, denn die Frommen doch genug haben müssen, und du dir selbst mehr denn einem andern Schaden tust; aber da hüte dich vor, wenn die liebe Armut (welche jetzt viel ist) kommt, so um den täglichen Pfennig kaufen und zehren muss, und du zufährst, als müsste jedermann deiner Gnaden leben, schindest und schabst bis auf den Grat, dazu mit Stolz und Übermut abweist, dem du solltest geben und schenken. So geht es dahin, elend und betrübt, und weil es niemand klagen kann, schreit und ruft es gen Himmel. Da hüte dich (sage ich abermal) als vor dem Teufel selbst; denn solches Seufzen und Rufen wird nicht scherzen, sondern einen Nachdruck haben, der dir und aller Welt zu schwer werden wird. Denn es wird den treffen, der sich der armen, betrübten Herzen annimmt und nicht will ungerächt lassen. Verachtest du es aber und trotzest, so siehe, wen du auf dich geladen hast; wird dirs gelingen und wohlgehen, sollst du Gott und mich vor aller Welt Lügner schelten.

Wir haben genug vermahnt, gewarnt und gewehrt; wer es nicht achten noch glauben will, den lassen wir gehen, bis ers erfahre. Doch muss man dem jungen Volk solches einbilden, dass sie sich hüten und dem alten unbändigen Haufen nicht nachfolgen, sondern Gottes Gebot vor Augen halten, dass nicht Gottes Zorn und Strafe auch über sie gehe. Uns gebührt nicht weiter denn zu sagen und strafen mit Gottes Wort. Aber dass man solchem öffentlichen Mutwillen steuere, da gehören Fürsten und Obrigkeit zu, die selbst Augen und den Mut hätten, Ordnung zu stellen und halten in allerlei Händel und Kauf, auf dass die Armut nicht beschwert und unterdrückt würde, noch sie sich mit fremden Sünden beladen dürften.

Das sei genug davon gesagt, was stehlen heiße, dass mans nicht so enge spanne, sondern gehen lasse so weit, als wir mit dem Nächsten zu tun haben. Und kurz in eine Summa, wie in der vorigen, zu fassen, ist dadurch verboten: erstlich dem Nächsten Schaden und Unrecht zu tun (wie mancherlei Weise zu erdenken sind), Habe und Gut abzubrechen, verhindern und vorzuenthalten, auch solches nicht bewilligen noch gestatten, sondern wehren, zuvorkommend und wiederum geboten, sein Gut fördern, bessern und, wo er Not leidet, helfen, mitteilen, vorstrecken beiden, Freunden und Feinden.

Wer nun gute Werke sucht und begehrt, wird hier übrig genug finden, die Gott von Herzen angenehm und gefällig sind, dazu mit trefflichem Segen begnadet und überschüttet, dass es reichlich soll vergolten werden, was wir unserm Nächsten zu Nutz und Freundschaft tun; wie auch der König Salomo lehrt Sprichw. 19,17: Wer sich des Armen erbarmt, der leiht dem HERRN, der wird ihm wiedervergelten seinen Lohn. Da hast du einen reichen Herrn, der dir gewiß genug ist und nichts wird gebrechen noch mangeln lassen, so kannst du mit fröhlichem Gewissen hundertmal mehr genießen, denn du mit Untreu und Unrecht erschreppelst. Wer nun des Segens nicht mag, der wird Zorn und Unglück genug finden.

DAS ACHTE GEBOT

Du sollst nicht falsch Zeugnis reden wider deinen Nächsten

Über unsern eigenen Leib, eheliches Gemahl und zeitliches Gut haben wir noch einen Schatz, nämlich Ehre und gutes Gerücht, welchen wir auch nicht entbehren können, denn es gilt nicht, unter den Leuten in öffentlicher Schande, von jedermann verachtet, zu leben. Darum will Gott des Nächsten Leumund, Glimpf und Gerechtigkeit sowenig als Geld und Gut genommen oder verkürzt haben, auf dass ein jeglicher vor seinem Weibe, Kinde, Gesinde und Nachbarn ehrlich bestehe. Und zum ersten ist der gröbste Verstand dieses Gebotes, wie die Worte lauten: „du sollst nicht falsch Zeugnis reden", auf öffentliches Gericht gestellt, da man einen armen, unschuldigen Mann verklagt und durch falsche Zeugen unterdrückt, damit er gestraft werde an Leib, Gut oder Ehre.

Das scheint nun jetzt, als gehe es uns wenig an; aber bei den Juden ist gar ein treffliches Gemeindes Ding gewesen. Denn das Volk war in feinem, ordentlichen Regiment gefasst, und wo noch ein solches Regiment ist, da gehts ohne diese Sünde nicht ab. Ursache ist diese: denn wo Richter, Bürgermeister, Fürst oder andere Obrigkeit sitzt, da fehlt es nimmer, es geht nach der Welt Lauf, dass man niemand gern beleidigen will, heuchelt und redet nach Gunst, Geld, Hoffnung oder Freundschaft; darüber muss ein armer Mann, mit seiner Sache unterdrückt, Unrecht haben und Strafe leiden. Und ist eine Gemeinde Plage in der Welt, dass im Gericht selten fromme Leute sitzen. Denn es gehört vor allen Dingen ein frommer Mann zu einem Richter, und nicht allein ein frommer, sondern auch ein weiser, gescheiter, ja auch ein kühner und kecker Mann. Also auch gehört ein kecker, dazu vornehmlich ein frommer Mann zum Zeugen. Denn wer alle Sachen recht richten und mit dem Urteil hindurch reißen soll, wird oftmals gute Freunde, Schwäger, Nachbarn, Reiche und Gewaltige erzürnen, die ihm viel dienen oder schaden können; darum muss er gar blind sein, Augen und Ohren zugetan, nicht sehen noch hören denn stracks vor sich, was ihm vorkommt, und demnach schließen.

Darauf ist nun erstlich dies Gebot gestellt, dass ein jeglicher seinem Nächsten helfe zu seinem Rechten und nicht hindern noch beugen lasse, sondern fordere und stracks darüber halte, Gott gebe, es sei Richteroder Zeuge, und treffe an, was es wolle. Und sonderlich ist hiermit unsern Herrn Juristen ein Ziel gesteckt, dass sie zusehen, recht und aufrichtig mit den Sachen umgehen; was recht ist, recht bleiben lassen, und wiederum nicht verdrehen noch vermänteln oder schweigen, unangesehen Geld, Gut, Ehre oder Herrschaft. Das ist ein Stück und der gröbste Verstand dieses Gebots von allem, das vor Gericht geschieht.

Darnach greift es gar viel weiter, wenn mans soll ziehen ins geistliche Gericht oder Regiment; da gehts also, dass ein jeglicher wider seinen Nächsten fälschlich zeugt. Denn wo fromme Prediger und Christen sind, die haben vor der Welt das Urteil, dass sie Ketzer, Abtrünnige, ja aufrührische und verzweifelte Bösewichte heißen. Dazu muss sich Gottes Wort aufs schändlichste und giftigste verfolgen, lästern, Lügen strafen, verkehren und fälschlich ziehen und deuten lassen.

Aber das gehe seinen Weg; denn es ist der blinden Welt Art, dass sie die Wahrheit und Gottes Kinder verdammt und verfolgt und doch für keine Sünde achtet.

Zum dritten, so uns allzumal belangt, ist in diesem Gebot verboten alle Sünde der Zunge, dadurch man dem Nächsten mag Schaden tun oder zu nahe sein. Denn falsches Zeugnis reden ist nicht anders denn Mundwerk. Was man nun mit Mundwerk wider den Nächsten tut, das will Gott gewehrt haben, es seien falsche Prediger mit der Lehre und Lästern, falsche Richter und Zeugen mit dem Urteil oder sonst außer dem Gericht mit Lügen und Übelreden. Daher gehört sonderlich das leidige schändliche Laster Afterreden oder Verleumden, damit uns der Teufel reitet, davon viel zu reden wäre. Denn es ist eine Gemeinde, schädliche Plage, dass jedermann lieber Böses denn Gutes von dem Nächsten sagen hört; und wiewohl wir selbst so böse sind, dass wir nicht leiden können, dass uns jemand ein böses Stück nachsage, sondern jeglicher gern wollte, dass alle Welt Goldenes von ihm redete, doch können wir nicht hören, dass man das Beste von andern sage.

Derhalben sollen wir merken, solche Untugend zu meiden, dass niemand gesetzt ist, seinen Nächsten öffentlich zu urteilen und strafen, ob er ihn gleich sieht sündigen, er habe denn Befehl zu richten und strafen. Denn es ist gar ein großer Unterschied zwischen den zweien, Sünde richten und Sünde wissen. Wissen magst du sie wohl, aber richten sollst du sie nicht. Sehen und hören kann ich wohl, dass mein Nächster sündigt, aber gegen andere nachzusagen habe ich keinen Befehl. Wenn ich nun zufahre, richte und urteile, so falle ich in eine Sünde, die größer ist denn jene. Weißt du es aber, so tue nicht anders, denn mache aus den Ohren ein Grab und scharre es zu, bis dass dir befohlen werde, Richter zu sein und von Amtes wegen zu strafen.

Das heißen nun Afterreder, die es nicht bei dem Wissen bleiben lassen sondern fortfahrend und ins Gericht greifen, und wenn sie ein Stücklein von einem andern wissen, tragen sie es in alle Winkel, kitzeln und krauen sich, dass sie mögen eines andern Unlust rühren, wie die Säue, so sich im Kot wälzen und mit dem Rüssel darin wühlen. Das ist nichts anders denn Gott in sein Gericht und Amt fallen, urteilen und strafen mit dem schärfsten Urteil. Denn kein Richter kann höher strafen noch weiter fahren, denn dass er sage: dieser ist ein Dieb, Mörder, Verräter usw. Darum wer sich solches untersteht vom Nächsten zu sagen, greift ebensoweit als Kaiser und alle Obrigkeit, denn ob du das Schwert nicht führst, so brauchst du doch deiner giftigen Zunge dem Nächsten zu Schande und Schaden.

Darum will Gott gewehrt haben, dass niemand dem andern übel nachrede, wenn ers gleich schuldig ist und dieser wohl weiß; viel weniger, so ers nicht weiß und allein vom Hörensagen genommen hat. Sprichst du aber: Soll ichs denn nicht sagen, wenn es die Wahrheit ist? Antwort: Warum trägst dus nicht vor ordentliche Richter? Ja, ich kanns nicht öffentlich bezeugen, so möchte man mir vielleicht übers Maul fahren und übel abweisen. Ei Lieber, riechst du den Braten? Traust du nicht vor geordneten Personen zu stehen und verantworten, so halte auch das Maul. Weißt du es aber, so wisse es für dich, nicht für einen andern. Denn wo du es weitersagst, ob es gleich wahr ist, so bestehst du doch wie ein Lügner, weil du es nicht kannst wahr machen; tust dazu wie ein Böswicht, denn man soll niemand seine Ehre und Gerücht nehmen, es sei ihm denn zuvor genommen öffentlich. Also heißt nun falsches Zeugnis alles, was man nicht, wie sichs gehört, überweisen kann. Darum was nicht mit genügsamer Beweisung offenbar ist, soll niemand offenbar machen noch für Warheit sagen, Und Summa, was heimlich ist, soll man heimlich bleiben lassen oder je heimlich strafen, wie wir hören werden. Darum wo dir ein unnützes Maul vorkommt, das einen andern austrägt und verleumdet, so rede ihm frisch unter die Augen, dass er schamrot werde, so wird mancher das Maul halten, der sonst einen armen Menschen ins Geschrei bringt, daraus er schwerlich wieder kommen kann; denn Ehre und Glimpf ist bald genommen, aber nicht bald wieder gegeben.

Also siehst du, dass kurzum verboten ist, von dem Nächsten etwas Böses zu reden; doch ausgenommen weltliche Obrigkeit, Prediger, Vater und Mutter, dass man dennoch dies Gebot so verstehe, dass das Böse nicht ungestraft bleibe. Wie man nun laut des fünften Gebotes niemand schaden soll am Leibe, doch ausgenommen Meister Hansen, der seines Amtes halber dem Nächsten kein Gutes, sondern nur Schaden und Böses tut und nicht wider Gottes Gebot sündigt, darum dass Gott solches Amt von seinetwegen geordnet hat, denn er ihm die Strafe seines Gefallens vorbehalten hat, wie er im ersten Gebote droht; also auch, wiewohl ein jeglicher für seine Person niemand richten noch verdammen soll, doch, wo es die nicht tun, denen es befohlen ist, sündigen sie ja sowohl als ders außer dem Amt von sich selbst täte, denn hier fordert die Not, von dem Übel zu reden, Klagen vorbringen, fragen und zeugen. Und geht nicht anders zu denn mit einem Arzt, der zuweilen den, den er heilen soll, an heimlichem Ort sehen und greifen muss. Also sind Obrigkeit, Vater und Mutter, ja auch Brüder und Schwestern und sonst gute Freunde untereinander schuldig, wo es not und nutz ist, Böses zu strafen.

Das wäre aber die rechte Weise, wenn man die Ordnung nach dem Evangelio hielte, Mt 18,15, da Christus spricht: Sündigt dein Bruder an dir, so gehe hin und strafe ihn zwischen dir und ihm allein. Da hast du eine köstliche, feine Lehre, die Zunge wohl zu regieren, die wohl zu merken ist wider den leidigen Missbrauch. Darnach richte dich nun, dass du nicht sobald den Nächsten anderswo austragest und nachredest, sondern ihn heimlich vermahnest, dass er sich bessere. Desgleichen auch, wenn dir ein anderer etwas zu Ohren trägt, was dieser oder jener getan hat, lehre ihn auch also, dass er hingehe und strafe ihn selbst, wo ers gesehen hat; wo nicht, dass er das Maul halte.

Solches magst du auch lernen aus täglichem Hausregiment. Denn so tut der Herr im Haus: wenn er sieht, dass der Knecht nicht tut, was er soll, so spricht er ihm selbst zu. Wenn er aber so toll wäre, ließe den Knecht daheim sitzen und ginge heraus auf die Gasse, den Nachbar zu klagen, würde er freilich müssen hören: Du Narr, was gehts uns an, warum sagst dus ihm selbst nicht? Siehe, das wäre nun recht brüderlich gehandelt, dass dem Übel geraten würde und dein Nächster bei Ehren bliebe. Wie auch Christus daselbst sagt:" Hört er dich, so hast du deinen Bruder gewonnen, da hast du ein großes, treffliches Werk getan. Denn meinst du, dass ein geringes Ding sei, einen Bruder gewinnen? Lass alle Mönche und heilige Orden mit allen ihren Werken zu Haufe geschmolzen hervortreten, ob sie den Ruhm können aufbringen, dass sie einen Bruder gewonnen haben?

Weiter lehrt Christus: Will er dich aber nicht hören, so nimm noch einen oder zwei zu dir, auf dass alle Sache bestehe auf zweier oder dreier Mund. Also dass man je mit dem selbst handle, den es belangt und nicht hinter seinem Wissen nachrede. Will aber solches nicht helfen, so trage es dann öffentlich vor die Gemeinde, es sei vor weltlichem oder geistlichem Gerichte. Denn hier stehst du nicht allein, sondern hast jene Zeugen mit dir, durch welche du den Schuldigen überweisen kannst, darauf der Richter gründen, urteilen und strafen kann, so kann es ordentlich und recht dazu kommen, dass man dem Bösen wehrt oder bessert. Sonst, wenn man einen andern mit dem Maul umträgt durch alle Winkel und den Unflat rührt, wird niemand gebessert, und darnach, wenn man stehen und zeugen soll, will mans nicht gesagt haben. Darum geschähe solchen Mäulern recht, dass man ihnen den Kitzel wohl büßte, dass sich andere daran stießen. Wenn du es deinem Nächsten zu Besserung oder aus Liebe der Wahrheit tätest, würdest du nicht heimlich schleichen noch den Tag und Licht scheuen.

Das alles ist nun von heimlichen Sünden gesagt. Wo aber die Sünde ganz öffentlich ist, dass Richter und jedermann wohl weiß, so kannst du ihn ohne alle Sünde meiden und fahren lassen, als der sich selbst zu schanden gemacht hat, dazu auch öffentlich von ihm zeugen. Denn was offenbar am Tag ist, da kann kein Afterreden noch falsches Richten oder Zeugen sein, als dass wir jetzt den Papst mit seiner Lehre strafen, so öffentlich in

Büchern an Tag gegeben und in aller Welt ausgeschrien ist. Denn wo die Sünde öffentlich ist, soll auch billig öffentliche Strafe folgen, dass sich jedermann davor wisse zu hüten.

Also haben wir nun die Summa und Gemeinden Verstand von diesem Gebote, dass niemand seinem Nächsten, - beide, Freund und Feind, mit der Zunge schädlich sein noch Böses von ihm reden soll, Gott gebe, es sei wahr oder erlogen, so nicht aus Befehl oder zu Besserung geschieht; sondern seine Zunge brauchen und dienen lassen, von jedermann das Beste zu reden, seine Sünde und Gebrechen zu decken, entschuldigen und mit seiner Ehre beschönigen und schmecken. Ursache soll sein allermeist diese, so Christus im Evangelio anzieht und damit alle Gebote gegen den Nächsten will gefasst haben: Alles, was ihr wollt, das euch die Leute tun sollen, das tut ihr ihnen auch.

Auch lehrt solches die Natur an unserm eigenen Leibe, wie St. Paulus 1. Kor. 12,22f. sagt: die Glieder des Leibes, so uns dünken die schwächsten zu sein, sind die nötigsten, und die uns dünken die unehrlichsten zu sein, denselbigen legen wir am meisten Ehre an, und die uns übel anstehen, die schmückt man am meisten. Das Angesicht, Augen, Nase und Mund deckt niemand zu, denn sie bedürfens nicht als an sich selbst die ehrlichsten Glieder, so wir haben; aber die allergebrechlichsten, der wir uns schämen, deckt man mit allem Fleiß, - da muss Hände, Augen samt dem ganzen Leibe helfen, decken und verhüllen. Also sollen wir untereinander, was an unserm Nächsten unehrlich und gebrechlich ist, schmücken und mit allem, so wir vermögen, zu seinen Ehren dienen, helfen und förderlich sein und wiederum wehren, was ihm mag zu Unehren gereichen. Und ist sonderlich ein feine, edle Tugend, wer alles, das er vom Nächsten hört reden (so es nicht öffentlich böse ist), wohl auslegen und aufs beste deuten oder je zu gut halten kann wider die giftigen Mäuler, die sich befleißigen, wo sie etwas ergrübeln und erhaschen können, am Nächsten zu tadeln und aufs ärgste aushecken und verkehren, wie jetzt vornehmlich dem lieben Gotteswort und seinen Predigern geschieht.

Darum sind in diesem Gebote gar mächtig viel gute Werke verfaßt, die Gott aufs höchste wohlgefallen und überflüssig Gut und Segen mit sich bringen, wenn sie nur die blinde Welt und falschen Heiligen erkennen wollten. Denn es ist nichts an und im ganzen Menschen, das mehr und weiter beide, Gutes schaffen und Schaden tun kann 'in geistlichen und weltlichen Sachen, denn die Zunge, so doch das kleinste und schwächste Glied ist.

DAS NEUNTE UND ZEHNTE GEBOT

Du sollst nicht begehren deines Nächsten Haus

Du sollst nicht begehren seines Weibes, Knecht, Magd, Vieh oder was sein ist

Diese zwei Gebote sind fast den Juden sonderlich gegeben, wiewohl sie uns dennoch auch zum Teil betreffen. Denn sie legen sie nicht aus von Unkeuschheit noch Diebstahl, weil davon droben genug verboten ist; hieltens auch dafür, sie hätten jene alle gehalten, wenn sie äußerlich die Werke getan oder nicht getan hätten. Darum hat Gott diese zwei hinzugesetzt, dass mans auch halte für Sünde und verboten, des Nächsten Weib oder Gut begehren und irgendwie darnach zu stehen; und sonderlich darum, weil in dem jüdischen Regiment Knechte und Mägde nicht, wie jetzt, frei waren, ums Lohn zu dienen, wie lange sie wollten, sondern des Herrn eigen mit Leib und was sie hatten, wie das Vieh und andere Gut; dazu auch ein jeglicher über sein Weib die Macht hatte, durch einen Scheidebrief öffentlich von sich zu lassen und eine andere zu nehmen. Da mussten sie nun untereinander in Gefahr stehen, wenn jemand eines andern Weib gern gehabt hätte, dass er irgendeine Ursache nähme, beide, sein Weib von sich zu tun und dem andern seines auch zu entfremden, dass ers mit gutem Fug zu sich brächte. Das war nun bei ihnen keine Sünde und Schande, sowenig als jetzt mit dem Gesinde, wenn ein Hausherr seinem Knecht oder Magd Urlaub gibt oder einer dem anderen sonst abdringt.

Darum haben sie nun (sage ich) diese Gebote also gedeutet, wie es auch recht ist (wiewohl es auch etwas weiter und höher geht), dass niemand dem andern das Seine, als Weib, Gesinde, Haus und Hof, Acker, Wiesen, Vieh denke und vornehme an sich zu bringen, auch mit gutem Schein und Behelf, doch mit des Nächsten Schaden. Denn droben, im siebenten Gebot, ist die Untugend verboten, da man fremdes Gut zu sich reißt oder dem Nächsten vorhält, dazu man kein Recht haben kann, hier aber ist auch gewehrt, dem Nächsten nichts abzuspannen, ob man gleich mit Ehren vor der Welt dazu kommen kann, dass dich niemand zeihen noch tadeln darf, als habest dus mit Unrecht erobert.

Denn die Natur so geschickt ist, dass niemand dem andern soviel als sich selbst gönnt und ein jeglicher, soviel er immer kann, zu sich bringt, ein anderer bleibe, wo er kann. Und wollen noch dazu fromme sein, können uns aufs feinste schmecken und den Schalk verbergen, suchen und dichten so behende Fündlein und geschwinde Griffe (wie man jetzt täglich aufs beste erdenkt), als aus den Rechten gezogen, dürfen uns darauf kecklich berufen und trotzen, und wollen solches nicht Schalkheit, sondern

Gescheitheit und Vorsichtigkeit genannt haben. Dazu helfen auch Juristen und Rechtsprecher, so das Recht lenken und dehnen, wie es zur Sache helfen will, die Worte zwacken und zu Behelf nehmen, unangesehen Billigkeit und des Nächsten Notdurft. Und Summa, wer in solchen Sachen der geschickteste und gescheiteste ist, dem hilft das Recht am besten, wie sie auch sprechen: vigilantibus jura subveniunt.

Darum ist dies letzte Gebot nicht für die bösen Buben vor der Welt, sondern eben für die Frömmsten gestellt, die da wollen gelobt sein, redliche und aufrichtige Leute heißen, als die wider die vorigen Gebote nichts verschulden; wie vornehmlich die Juden sein wollten und noch viel größere Junker, Herren und Fürsten. Denn der andere Gemeinde Haufe gehört noch weit herunter in das siebente Gebot, als die nicht viel darnach fragen, wie sie das Ihre mit Ehren und Recht gewinnen.

Nun begibt sich solches am meisten in den Händeln, so auf Recht gestellt werden, dadurch man vornimmt, dem Nächsten etwas abzugewinnen und abzuschöpfen. Als (dass wir Exempel geben) wenn man hadert und handelt um größeren Erbfall, liegende Güter usw., da fährt man herzu und nimmt zu Hilfe, was einen Schein des Rechten haben will, mutzt und schmückts also hervor, dass das Recht diesem zufallen muss, und behält das Gut mit solchem Titel, dass niemand eine Klage noch Anspruch dazu hat. Weiter: Wenn einer gern ein Schloss, Stadt, Grafschaft oder sonst was Großes hätte und treibt so viel Finanzerei durch Freundschaft und womit er kann, dass es einem andern ab- und ihm zugesprochen wird, dazu mit Briefen und Siegel bestätigt, dass es mit fürstlichem Titel und redlich gewonnen heiße.

Desgleichen auch in Gemeinden Kaufhändeln, wo einer dem andern etwas behendiglich aus der Hand rückt, dass jener muss hintennach sehen, oder ihn übereilt und bedrängt, woran er seinen Vorteil und Genieß ersieht, das jener vielleicht aus Not oder Schuld nicht erhalten noch ohne Schaden losen kann, auf dass ers halb oder mehr gefunden habe; und muss gleichwohl nicht mit Unrecht genommen oder entwendet, sondern redlich gekauft sein. Da heißts: der erste der beste; und: jeglicher sehe auf seine Schanze, ein anderer habe, was er kann. Und wer wollte so klug sein, alles zu erdenken, wie viel man mit solchem hübschen Schein kann zu sich bringen, das die Welt für kein Unrecht hält und nicht sehen will, dass damit der Nächste zurückgebracht wird und lassen muss, was er nicht ohne Schaden entbehren kann; so doch niemand ist, der ihm solches wollte getan haben, daran wohl zu spüren ist, dass solcher Behelf und Schein falsch ist.

Also ists nun vorzeiten auch mit den Weibern zugegangen. Da kannten sie solche Fündlein, wenn einem eine andere gefiel, dass er durch sich oder andere (wie denn mancherlei Mittel und Wege zu erdenken waren) zurichtete, dass der Mann einen Unwillen auf sie warf oder sie sich gegen ihn sperrte und so stellte, dass er sie musste von sich tun und diesem lassen.

Solches hat ohne Zweifel stark regiert im Gesetz; wie man auch im Evangelio liest von dem König Herodes, dass er seines eigenen Bruders Weib noch bei seinem Leben freite, welcher doch ein ehrbarer, frommer Mann sein wollte, wie ihm auch S. Marcus Zeugnis gibt. Aber solches Exempel, hoffe ich, soll bei uns nicht statthaben, weil im Neuen Testament den Ehelichen verboten ist, sich voneinander zu scheiden, es wäre denn in solchem Fall, dass einer dem andern eine reiche Braut mit Behendigkeit entrückte. Das ist aber bei uns nicht seltsam, dass einer dem andern seinen Knecht oder Dienstmagd abspannt und entfremdet oder sonst mit guten Worten abzieht.

Es geschehe nun solches alles, wie es wolle, so sollen wir wissen, dass Gott nicht haben will, dass du dem Nächsten etwas, das ihm gehört, also entziehst, dass er entbehre und du deinen Geiz füllst, ob du es gleich mit Ehren vor der Welt behalten kannst. Denn es ist eine heimliche, meuchlinge Schalkheit und, wie man spricht, unter dem Hütlein gespielt, dass mans nicht merken soll. Denn ob du gleich hingehst, als habest du niemand unrecht getan, so bist du doch deinem Nächsten zu nahe; und heißts nicht gestohlen noch betrogen, so heißt es dennoch des Nächsten Gut begehrt, das ist darnach gestanden und ihm abwendig gemacht ohne seinen Willen, und nicht wollen gönnen, das ihm Gott beschert hat. Und ob dirs der Richter und jedermann lassen muss, so wird dirs doch Gott nicht lassen, denn er sieht das Schalkherz und der Welt Tücke wohl, welche, wo man ihr einen Finger breit einräumt, nimmt sie eine Elle lang dazu, dass auch öffentliches Unrecht und Gewalt folgt.

Also lassen wir diese Gebote bleiben in dem Gemeinden Verstand, dass erstlich geboten sei, dass man des Nächsten Schaden nicht begehre, auch nicht dazu helfe noch Ursache gebe, sondern ihm gönne und lasse, was er hat, dazu fördere und erhalte, was ihm zu Nutz und Dienst geschehen mag, wie wir wollten uns getan haben; also dass es sonderlich wider die Abgunst und den leidigen Geiz gestellt sei, auf dass Gott die Ursache und Wurzel aus dem Wege räume, daher alles entspringt, dadurch man dem Nächsten Schaden tut. Darum ers auch deutlich mit den Worten setzt: du sollst nicht begehren usw. Denn er will vornehmlich das Herz rein haben, wiewohl wirs, so lange wir hier leben, nicht dahin bringen können, also dass dies wohl ein Gebot bleibt, wie die andern alle, das uns ohne Unterlass beschuldigt und anzeigt, wie fromm wir vor Gott sind.

So haben wir nun die zehn Gebote, einen Ausbund göttlicher Lehre, was wir tun sollen, dass unser ganzes Leben Gott gefalle, und den rechten Born und Rohr, aus und in welchem quellen und gehen müssen alles, was gute Werke sein sollen; also dass außer den zehn Geboten kein Werk noch Wesen gut und Gott gefällig sein kann, es sei so groß und köstlich vor der Welt, wie es wolle. Lass nun sehen, was unsere großen Heiligen rühmen können von ihren geistlichen Orden und großen, schweren Werken, die sie erdacht und aufgeworfen haben und diese fahren lassen, gerade als wären diese viel zu gering oder allbereit längst ausgerichtet. Ich meine je, man sollte hier alle Hände voll zu schaffen haben, dass man diese hielt, Sanftmut, Geduld und Liebe gegen Feinde, Keuschheit, Wohltat usw. und was solche Stücke mit sich bringen. Aber solche Werke gelten und scheinen nicht vor der Welt Augen, denn sie sind nicht seltsam und aufgeblasen, an sonderliche eigene Zeit, Stätte, Weise und Gebärde geheftet sondern Gemeinde, tägliche Hauswerke, so ein Nachbar gegen den andern treiben kann, darum haben sie kein Ansehen. jene aber sperren Augen und Ohren auf, dazu helfen sie selbst mit großem Gepränge, Kosten und herrlichem Gebäu und schmücken sie hervor, dass alles gleißen und leuchten muss. Da räuchert man, da singt und klingt man, da zündet man Kerzen und Lichte an, dass man vor diesen keine andere hören noch sehen könne. Denn dass da ein Pfaff in einer goldenen Kasel steht oder ein Laie den ganzen Tag in der Kirche auf den Knien liegt, das heißt ein köstliches Werk, das niemand genug loben kann. Aber dass ein armes Maidlein eines jungen Kindes wartet und treulich tut, was ihr befohlen ist, das muss nichts heißen. Was sollen sonst Mönche und Nonnen in ihren Klöstern suchen?

Siehe aber, ist es nicht eine verfluchte Vermessenheit der verzweifelten Heiligen, so da sich unterstehen, ein höheres und besseres Leben und Stände zu finden denn die zehn Gebote lehren; geben vor, wie gesagt, es sei ein schlichtes Leben für den Gemeinden Mann, ihres aber sei für die Heiligen und Vollkommenen, und sehen nicht, die elenden, blinden Leute, dass kein Mensch so weit bringen kann, dass er eines von den zehn Geboten halte, wie es zu halten ist, sondern noch beide, der Glaube und das Vaterunser, zu Hilfe kommen muss (wie wir hören werden), dadurch man solches suche und bitte und ohne Unterlass empfange. Darum ist ihr Rühmen gerade so viel, als wenn ich rühmte und sagte: Ich habe zwar nicht einen Groschen zu bezahlen, aber zehn Gulden traue ich wohl zu bezahlen.

Das rede und treibe ich darum, dass man des leidigen Missbrauchs, der so tief eingewurzelt hat und noch jedermann anhängt, loswerde und sich gewöhne, in allen Ständen auf Erden allein hierher zu sehen und sich damit zu bekümmern. Denn man wird noch lange keine Lehre noch Stände aufbringen, die den zehn Geboten gleich sind, weil sie so hoch sind, dass sie niemand durch Menschenkraft erlangen kann, und wer sie erlangt, ist ein himmlischer, englischer Mensch, weit über alle Heiligkeit der Welt. Nimm sie nur vor und versuche dich wohl, lege alle Kraft und Macht daran; so wirst du wohl so viel zu schaffen gewinnen, dass du keine anderen Werke oder Heiligkeit suchen noch achten wirst.

Das sei genug von dem ersten Teil, - beide, zu lehren und vermahnen; doch müssen wir zu beschließen wiederholen den Text, welchen wir auch droben im ersten Gebot gehandelt haben, auf dass man lerne, was Gott darauf will gewendet haben, dass man die zehn Gebote wohl lerne treiben und üben.

„Ich, der HERR, dein Gott, bin ein eifriger Gott, der über die, so mich hassen, die Sünde der Väter heimsucht an den Kindern bis ins dritte und vierte Glied. Aber denen, so mich lieben und meine Gebote halten, tue ich wohl in tausend Glied."

Dieser Zusatz, wiewohl er (wie oben gehört) zuvörderst zum ersten Gebot angehängt ist, so ist er doch um aller Gebote willen gesetzt, als die sich sämtlich hierher ziehen und darauf gerichtet sein sollen. Darum habe ich gesagt, man solle solches auch der Jugend vorhalten und einbläuen, dass sie es lerne und behalte, auf dass man sehe, was uns dringen und zwingen soll, solche zehn Gebote zu halten, und soll es nicht anders ansehen, denn als sei dies Stück zu einem jeglichen sonderlich gesetzt, also dass es in und durch sie alle gehe.

Nun ist (wie zuvor gesagt) in diesen Worten zusammengefasst beide, ein zorniges Drohwort und freundliche Verheißung, uns zu schrecken und warnen, dazu zu locken und reizen, auf dass man sein Wort als einen göttlichen Ernst annehme und groß achte, weil er selbst ausdrückt, wie groß ihm daran gelegen sei und wie hart er darüber halten wolle, nämlich dass er gräulich und schrecklich strafen will alle, die seine Gebote verachten und übertreten und wiederum wie reichlich ers belohnen will, wohl tun und alles Gute geben denen, die sie groß achten und gern darnach tun und leben. Damit will er gefordert haben, dass sie alle aus solchem Herzen gehen, das allein Gott fürchtet und vor Augen hat, und aus solcher Furcht alles lässt, was wider seinen Willen ist, auf dass es ihn nicht erzürne; und dagegen auch ihm allein vertraut und ihm zu Liebe tut, was er haben will, weil er sich so freundlich als ein Vater hören lässt und uns alle Gnade und Gutes anbietet.

Das ist auch eben die Meinung und rechte Auslegung des ersten und vornehmsten Gebotes, daraus alle anderen quellen und gehen sollen; also dass dies Wort „du sollst nicht andere Götter haben" nichts anderes aufs einfältigste will gesagt haben, denn soviel hier gefordert: Du sollst mich als deinen einigen rechten Gott fürchten, lieben und mir vertrauen. Denn wo ein solches Herz gegen Gott ist, das hat dieses und alle andere erfüllt; wiederum wer etwas andres im Himmel und auf Erden fürchtet und liebt, der wird weder dieses noch keines halten. Also hat die ganze Schrift überall dies Gebot gepredigt und getrieben, alles auf die zwei Stücke, Gottesfurcht und Vertrauen, gerichtet, und vornehmlich der Prophet David im Psalter durch und durch, als da er spricht: der HERR hat Gefallen an denen, die ihn fürchten und auf seine Güte warten, als wäre das ganze Gebot mit einem Vers ausgestrichen und ebensoviel gesagt: der HERR hat Gefallen an denen, die keine andere Götter haben.

Also soll nun das erste Gebot leuchten und seinen Glanz geben in die andern alle. Darum musst du auch dies Stück lassen gehen durch alle Gebote, als die Schale oder Bügel im Kranz das Ende und Anfang zu Haufe füge und alle zusammen halte, auf dass mans immer wiederhole und nicht vergesse, als nämlich im andern Gebot, dass man Gott fürchte und seines Namens nicht Missbrauche zu Fluchen, Lügen, Trügen und anderer Verführung oder Büberei, sondern recht und wohl brauche mit Anrufen, Beten, Loben und Danken, aus Liebe und Vertrauen, nach dem ersten Gebot geschöpft; desgleichen soll solche Furcht, Liebe und Vertrauen treiben und zwingen, dass man sein Wort nicht verachte, sondern lerne, gern höre, heilig halte und ehre.

Darnach weiter durch die folgenden Gebote gegen den Nächsten auch also; alles aus Kraft des ersten Gebotes, dass man Vater und Mutter, Herren und alle Obrigkeit ehre, untertan und gehorsam sei, nicht um ihretwillen, sondern um Gottes willen, denn du darfst weder Vater noch Mutter ansehen noch fürchten noch ihnen zu lieb tun oder lassen. Siehe aber zu, was Gott von dir haben will und gar getrost fordern wird; lässt du es, so hast du einen zornigen Richter, oder wiederum einen gnädigen Vater. Item dass du deinem Nächsten kein Leid, Schaden noch Gewalt tust noch einerlei Weise zu nahe seiest, es treffe seinen Leib, Gemahl, Gut, Ehre oder Recht an, wie es nacheinander geboten ist, ob du gleich Raum und Ursache dazu hättest und dich kein Mensch darum strafte, sondern jedermann wohl tust, helfest und förderst, wie und wo du kannst, allein Gott zu Liebe und Gefallen, in dem Vertrauen, dass er dir alles reichlich will erstatten. Also siehst du, wie das erste Gebot das Haupt und Quellborn ist, so durch die andern alle geht, und wiederum alle sich zurückziehen und hangen in diesem, dass Ende und Anfang alles ineinander geknüpft und gebunden ist.

Solches (sage ich nun) ist nütz und not dem jungen Volk immer vorzuhalten, vermahnen und erinnern, auf dass sie nicht allein, wie das Vieh, mit Schlägen und Zwang, sondern in Gottes Furcht und Ehre aufgezogen werden. Denn wo man solches bedenkt und zu Herzen nimmt, dass es nicht Menschentand, sondern der hohen Majestät Gebote sind, der mit solchem Ernst darüber hält, zürnt und straft, die sie verachten, und wiederum so überschwenglich vergilt denen, die sie halten, daselbst wird man sich selbst reizen und treiben, gern Gottes Willen zu tun.

Darum ist nicht umsonst im Alten Testamente geboten, dass man soll die zehn Gebote schreiben an alle Wände und Ecken, ja an die Kleider, nicht dass mans allein lasse da geschrieben stehen und Schau trage, wie die Juden taten, sondern dass mans ohne Unterlass vor Augen und in stetem Gedächtnis habe, in alle unserm Tun und Wesen treibe und ein jeglicher es lasse seine tägliche Übung sein in allerlei Fällen, Geschäften und Händeln, als stünde es an allen Orten geschrieben, wo er hinsieht ja wo er geht oder steht; so würde man beides, für sich daheim in seinem Haus und gegen

Nachbarn, Ursache genug finden, die zehn Gebote zu treiben, dass niemand weit darnach laufen dürfte.

Aus dem sieht man abermals wie hoch diese zehn Gebote zu heben und preisen sind über alle Stände, Gebote und Werke, so man sonst lehrt und treibt. Denn hier können wir trotzen und sagen: Lass auftreten alle Weisen und Heiligen, ob sie könnten ein Werk hervorbringen als diese Gebote, so Gott mit solchem Ernst fordert und befiehlt bei seinem höchsten Zorn und Strafe, dazu so herrliche Verheißung dazu setzt, dass er uns mit allen Gütern und Segen überschütten will. Darum soll man sie je vor allen andern lehren, teuer und wert halten als den höchsten Schatz, von Gott gegeben.

DER ZWEITE TEIL

Von dem Glauben

Bisher haben wir gehört das erste Stück christlicher Lehre und darin gesehen alles, was Gott von uns will getan und gelassen haben. Darauf folgt nun billig der Glaube, der uns vorlegt alles, was wir von Gott gewarten und empfangen müssen, und aufs kürzeste zu reden, ihn ganz und gar erkennen lehrt. Welches eben dazu dienen soll, dass wir dasselbige tun können, so wir laut der zehn Gebote tun sollen. Denn sie sind (wie droben gesagt) so hoch gestellt, dass aller Menschen Vermögen viel zu gering und schwach ist, dieselbigen zu halten. Darum ist dies Stück ja so nötig als jenes zu lernen, dass man wisse, wie man dazu komme, woher und wodurch solche Kraft zu nehmen sei. Denn so wir könnten aus eigenen Kräften die zehn Gebote halten, wie sie zu halten sind, bedurften wir nichts weiter, weder Glauben noch Vaterunser. Aber ehe man solchen Nutzen und Not des Glaubens ausstreicht, ist genug erstlich für die gar Einfältigen, dass sie den Glauben an ihm selbst fassen und verstehen lernen.

Aufs erste hat man bisher den Glauben geteilt in zwölf Artikel, wiewohl, wenn man alle Stücke, so in der Schrift stehen und zum Glauben gehören, einzeln fassen sollte, gar viel mehr Artikel sind, auch nicht alle deutlich mit so wenig Worten mögen ausgedrückt werden. Aber dass mans aufs leichteste und einfältigste fassen könnte, wie es für die Kinder zu lehren ist, wollen wir den ganzen Glauben kürzlich fassen in drei Hauptartikel nach den drei Personen der Gottheit, dahin alles, was wir glauben, gerichtet ist. Also dass der erste Artikel von Gott dem Vater erkläre die Schöpfung; der andere von dem Sohn die Erlösung; der dritte von dem heiligen Geist die Heiligung. Als wäre der Glaube aufs allerkürzeste in so viel Worte gefaßt: ich glaube an Gott Vater, der mich geschaffen hat; ich glaube an Gott den Sohn, der mich erlöst hat; ich glaube an den heiligen Geist, der mich heilig macht. Ein Gott und Ein Glaube, aber drei Personen, darum auch drei Artikel oder Bekenntnisse. So wollen wir nun kürzlich die Worte überlaufen.

DER ERSTE ARTIKEL

Ich glaube an Gott den Vater, allmächtigen,
Schöpfer Himmels und der Erden

Da ist aufs allerkürzeste gemalt und vorgebildet, was Gottes des Vaters Wesen, Wille, Tun und Werk sei. Denn weil die zehn Gebote haben vorgehalten, man solle nicht mehr denn Einen Gott haben, möchte man nun fragen: Was ist denn Gott für ein Mann? Was tut er? Wie kann man ihn preisen oder abmalen und beschreiben, dass man ihn kenne? Das lehrt nun dieser und folgende Artikel; also dass der Glaube nichts anders ist denn eine Antwort und Bekenntnis der Christen, auf das erste Gebot gestellt. Als wenn man ein junges Kind fragte: Lieber, was hast du für einen Gott? Was weißt du von ihm? dass es könnte sagen: Das ist mein Gott: zum ersten der Vater, der Himmel und Erde geschaffen hat. Außer diesem einigen halte ich nichts für Gott, denn sonst keiner ist, der Himmel und Erde schaffen könnte.

Für die Gelehrten aber und die etwas läuftig sind, kann man die Artikel alle drei weit ausstreichen und teilen in so viel Stücke, als es Worte sind. Aber jetzt für die jungen Schüler sei genug, das Nötigste anzuzeigen, nämlich, wie gesagt, dass dieser Artikel belangt die Schöpfung, dass man stehe auf dem Wort „Schöpfer Himmels und Erden". Was ist nun gesagt oder was meinst du mit dem Wort: Ich glaube an Gott Vater, allmächtigen, Schöpfer etc.? Antwort: Das meine und glaube ich, dass ich Gottes Geschöpf bin, das ist, dass er mir gegeben hat und ohne Unterlass erhält Leib, Seele und Leben, Gliedmaßen klein und groß, alle Sinne, Vernunft und Verstand, und so fortan Essen und Trinken, Kleider, Nahrung, Weib und Kind, Gesinde, Haus und Hof etc., dazu alle Kreatur zu Nutz und Notdurft des Lebens dienen lässt, Sonne, Mond und Sterne am Himmel, Tag und Nacht, Luft, Feuer, Wasser, Erde und was sie trägt und vermag, Vogel, Fisch, Tier, Getreide und allerlei Gewächs. Item was mehr leibliche und zeitliche Güter sind: gut Regiment, Friede, Sicherheit. Also dass man aus diesem Artikel lerne, dass unser keiner das Leben noch alles, was jetzt aufgezählt ist und aufgezählt mag werden, von sich selbst hat noch erhalten kann, wie klein und gering es ist; denn es alles gefasst ist in das Wort „Schöpfer".

Darüber bekennen wir auch, dass Gott der Vater nicht allein solches alles, was wir haben uns vor Augen sehen, uns gegeben hat, sondern auch täglich vor allem Übel und Unglück behütet und beschützt, allerlei Fährlichkeit und Unfall abwendet, und solches alles aus lauter Liebe und Güte, durch uns unverdient, als ein freundlicher Vater, der für uns sorgt, dass uns kein Leid widerfahre. Aber davon weiter zu sagen gehört in die andern zwei Stücke dieses Artikels, da man spricht: Vater, allmächtigen.

Hieraus will sich nun selbst schließen und folgen: Weil uns das alles, so wir vermögen, dazu was im Himmel und Erde ist, täglich von Gott gegeben, erhalten und bewahrt wird, so sind wir ja schuldig, ihn darum ohne Unterlass zu lieben, loben und danken und kürzlich ihm ganz und gar damit zu dienen, wie er durch die zehn Gebote fordert und befohlen hat. Hier wäre nun viel zu sagen, wenn mans sollte ausstreichen wie wenig ihrer sind, die diesen Artikel glauben. Denn wir gehen alle überhin, hörens und sagens, sehen aber und bedenken nicht, was uns die Worte vortragen. Denn wo wirs von Herzen glaubten, würden wir auch darnach tun und nicht so stolz hergehen, trotzen und uns brüsten, als hätten wir das Leben, Reichtum, Gewalt und Ehre etc. von uns selbst, dass man uns fürchten und dienen müsste, wie die unselige, verkehrte Welt tut, die in ihrer Blindheit ersoffen ist, aller Güter und Gaben Gottes allein zu ihrer Hoffart, Geiz, Lust und Wohltagen missbraucht und Gott nicht einmal ansähe, dass sie ihm dankte oder für einen Herrn und Schöpfer erkennte.

Darum sollte uns dieser Artikel alle demütigen und erschrecken, wo wirs glaubten. Denn wir sündigen täglich mit Augen, Ohren, Händen, Leib und Seele, Geld und Gut und mit allem, das wir haben, sonderlich diejenigen, so noch wider Gottes Wort fechten. Doch haben die Christen den Vorteil, dass sie sich des schuldig erkennen, ihm dafür zu dienen und gehorsam zu sein.

Derhalben sollen wir diesen Artikel täglich üben, einprägen und uns erinnern in allem, was uns vor Augen kommt und Gutes widerfährt; und wo wir aus Nöten und Fährlichkeiten kommen, wie uns Gott solches alles gibt und tut, dass wir daran spüren und sehen sein väterliches Herz und überschwengliche Liebe gegen uns, davon würde das Herz erwarmen und entzündet werden, dankbar zu sein und aller solcher Güter zu Gottes Ehren und Lob zu brauchen. Also haben wir aufs kürzeste die Meinung dieses Artikels, soviel den Einfältigsten erstlich not ist zu lernen, beide, was wir von Gott haben und empfangen und was wir dafür schuldig sind; welches gar eine große, treffliche Erkenntnis ist, aber ein viel höherer Schatz. Denn da sehen wir, wie sich der Vater uns gegeben hat samt allen Kreaturen und aufs allerreichlichste in diesem Leben versorget, ohne dass er uns sonst auch mit unaussprechlichen ewigen Gütern durch seinen Sohn und heiligen Geist überschüttet, wie wir hören werden.

DER ZWEITE ARTIKEL

Und an Jesum Christum, seinen einzigen Sohn, unsern Herrn, der empfangen ist vom heiligen Geist, geboren von der Jungfrau Maria, gelitten unter Pontio Pilato, gekreuzigt, gestorben und begraben, niedergefahren zur Hölle, am dritten Tage auferstanden von den Toten, aufgefahren gen Himmel, sitzend zur Rechten Gottes, des allmächtigen Vaters, von dannen er kommen wird, zu richten die Lebendigen und die Toten.

Hier lernen wir die andere Person der Gottheit kennen, dass wir sehen, was wir über die vorigen zeitlichen Güter von Gott haben, nämlich wie er sich ganz und gar ausgeschüttet hat und nichts behalten, das er nicht uns gegeben habe. Dieser Artikel ist nun sehr reich und weit, aber dass wirs auch kurz und kindlich handeln, wollen wir ein Wort vor uns nehmen und darin die ganze Summa davon fassen, nämlich (wie gesagt) dass man heraus lerne, wie wir erlöst sind, und soll stehen auf diesen Worten: an Jesum Christum unsern HERRN. Wenn man nun fragt: Was glaubst du im andern Artikel von Jesu Christo? antworte aufs kürzeste: Ich glaube, dass Jesus Christus, wahrhaftiger Gottessohn, sei mein HERR worden. Was ist nun das: „ein Herr werden"? Das ists, dass er mich erlöst hat von Sünde, vom Teufel, vom Tode und allem Unglück. Denn zuvor habe ich keinen Herrn noch König gehabt, sondern bin unter des Teufels Gewalt gefangen, zu dem Tode verdammt, in der Sünde und Blindheit verstrickt gewesen.

Denn da wir geschaffen waren und allerlei Gutes von Gott dem Vater empfangen hatten, kam der Teufel und brachte uns in Ungehorsam, Sünde, Tod und alles Unglück, dass wir in seinem Zorn und Ungnade lagen, zu ewiger Verdammnis verurteilt, wie wir verwirkt und verdient hatten. Da war kein Rat, Hülfe noch Trost, bis dass sich dieser einzige und ewige Gottessohn unsers Jammers und Elends aus grundloser Güte erbarmte und vom Himmel kam, uns zu helfen. Also sind nun jene Tyrannen und Stockmeister alle vertrieben, und ist an ihre Statt getreten Jesus Christus, ein Herr des Lebens, Gerechtigkeit, alles Gutes und Seligkeit, und hat uns arme verlorne Menschen aus der Hölle Rachen gerissen, gewonnen, frei gemacht und wiedergebracht in des Vaters Huld und Gnade und als sein Eigentum unter seinen Schirm und Schutz genommen, dass er uns regiere durch seine Gerechtigkeit, Weisheit, Gewalt, Leben und Seligkeit.

Das sei nun die Summa dieses Artikels, dass das Wörtlein „HERR" aufs einfältigste soviel heiße als ein Erlöser, das ist der uns vom Teufel zu Gott, vom Tode zum Leben, von Sünde zur Gerechtigkeit gebracht hat und dabei erhält. Die Stücke aber, so nacheinander in diesem Artikel folgen, tun nichts anders, denn dass sie solche Erlösung erklären und ausdrücken, wie und wodurch sie geschehen sei; das ist, was ihn gestanden und was er daran gewendet und gewagt hat, dass er uns gewönne und zu seiner Herrschaft brächte; nämlich dass er Mensch geworden, von dem heiligen Geist und der Jungfrau ohne alle Sünde empfangen und geboren, auf dass er der Sünde Herr wäre, dazu gelitten, gestorben und begraben, dass er für mich genug täte und bezahlte, was ich verschuldet habe, nicht mit Silber noch Gold, sondern mit seinem eigenen teuren Blute. Und dies alles darum, dass er mein HERR würde, denn er für sich der keines getan noch bedurft hat. Darnach wieder aufgestanden, den Tod verschlungen und gefressen. Und endlich gen Himmel gefahren und das Regiment genommen zur Rechten des Vaters, dass ihm Teufel und alle Gewalt muss untertan sein und zu Füßen liegen, so lang bis er uns endlich am jüngsten Tage gar scheide und sondere von der bösen Welt, Teufel, Tod, Sünde etc.

Aber diese einzelnen Stücke alle sonderlich auszustreichen gehört nicht in die kurze Kinderpredigt, sondern in die große Predigt über das ganze Jahr, sonderlich auf die Zeiten, so dazu geordnet sind, einen jeglichen Artikel in die Länge zu handeln, von der Geburt, Leiden, Auferstehen, Himmelfahrt Christi etc. Auch steht das ganze Evangelium, so wir predigen, darauf, dass man diesen Artikel wohl fasse, als an dem alle unser Heil und Seligkeit liegt, und so reich und weit ist, dass wir immer genug daran zu lernen haben.

DER DRITTE ARTIKEL

Ich glaube an den heiligen Geist, eine heilige, christliche Kirche, die Gemeinde der Heiligen, Vergebung der Sünden, Auferstehung des Fleisches und ein ewiges Leben. Amen

Diesen Artikel kann ich nicht besser erörtern denn, wie gesagt, von der Heiligung, dass dadurch der heilige Geist mit seinem Amt ausgedrückt und abgemalt werde, nämlich dass er heilig macht. Darum müssen wir fußen auf dem Wort HEILIGER GEIST, weil es so kurz gefasst ist, dass man kein anderes haben kann. Denn es sind sonst mancherlei Geister in der Schrift, als Menschengeist, himmlische Geister und böse Geister. Aber Gottes Geist heißt allein ein heiliger Geist, das ist, der uns geheiligt hat und noch heiligt. Denn wie der Vater ein Schöpfer, der Sohn ein Erlöser heißt, so soll auch der heilige Geist von seinem Werk ein Heiliger oder Heiligmacher heißen. Wie geht aber solches Heiligen zu? Antwort: Gleichwie der Sohn die Herrschaft überkommt, dadurch er uns gewinnt durch seine Geburt, Sterben und Auferstehen etc., also richtet der heilige Geist die Heiligung ans durch die folgenden Stücke, das ist durch die Gemeinde der Heiligen oder christliche Kirche, Vergebung der Sünden, Auferstehung des Fleisches und das ewige Leben, das ist, dass er uns ernstlich führt in seine heilige

Gemeinde und in der Kirche Schoß legt, dadurch er uns predigt und zu Christo bringt.

Denn weder du noch ich könnten nimmermehr etwas von Christo wissen noch an ihn glauben und zum Herrn kriegen, wo es nicht durch die Predigt des Evangelii von dem heiligen Geist würde angetragen und uns in den Busen geschenkt. Das Werk ist geschehen und ausgerichtet, denn Christus hat uns den Schatz erworben und gewonnen durch sein Leiden, Sterben und Auferstehen etc. Aber wenn das Werk verborgen bliebe, dass niemand wüsste, so wäre es umsonst und verloren. Dass nun solcher Schatz nicht begraben bliebe, sondern angelegt und genossen würde, hat Gott das Wort ausgehen und verkünden lassen, darin den heiligen Geist gegeben, uns solchen Schatz und Erlösung heimzubringen und zuzueignen. Darum ist das Heiligen nicht anders denn zu dem HERRN Christo bringen, solches Gut zu empfangen, dazu wir von uns selbst nicht kommen könnten.

So lerne denn diesen Artikel aufs deutlichste verstehen. Wenn man fragt: Was meinst du mit den Worten: ich glaube an den heiligen Geist? dass du könntest antworten: Ich glaube, dass mich der heilige Geist heilig macht, wie sein Name ist. Womit tut er aber solches, oder was ist seine Weise und Mittel dazu? Antwort: durch die christliche Kirche, Vergebung der Sünden, Auferstehung des Fleisches und das ewige Leben. Denn zum ersten hat er eine sonderliche Gemeinde in der Welt, welche ist die Mutter, so einen jeglichen Christen zeugt und trägt durch das Wort Gottes, welches er offenbart und treibt, die Herzen erleuchtet und anzündet, dass sie es fassen, annehmen, daran hangen und dabei bleiben.

Denn wo ers nicht predigen lässt und im Herzen erweckt, dass mans fasst, da ists verloren, wie unter dem Papsttum geschehen ist, da der Glaube ganz unter die Bank gesteckt, niemand Christum für einen Herrn erkannt hat noch den heiligen Geist für den, der da heilig macht; das ist, niemand hat geglaubt, dass Christus also unser Herr wäre, der uns ohne unser Werk und Verdienst solchen Schatz gewonnen hätte, und uns dem Vater angenehm gemacht. Woran hat es denn gemangelt? Daran, dass der heilige Geist nicht ist da gewesen, der solches hätte offenbart und predigen lassen, sondern Menschen und böse Geister sind da gewesen, die uns gelehrt haben, durch unsere Werke selig zu werden und Gnade erlangen. Darum ist es auch keine christliche Kirche. Denn wo man nicht von Christo predigt, da ist kein heiliger Geist, welcher die christliche Kirche macht, beruft und zusammenbringt, außer welcher niemand zu dem Herrn Christo kommen kann. Das sei genug von der Summa dieses Artikels. Weil aber die Stücke, so darin aufgezählt, für die Einfältigen nicht so klar sind, wollen wir sie überlaufen. Die heilige christliche Kirche heißt der Glaube Communionem sanctorum, eine Gemeinschaft der Heiligen; denn es ist beides einerlei zusammengefasst, aber vorzeiten das eine Stück nicht dabei gewesen; ist auch übel und unverständlich verdeutscht eine „Gemeinschaft der

Heiligen". Wenn mans deutlich geben sollte, müsste mans auf deutsche Art gar anders reden. Denn das Wort Ecclesia heißt eigentlich auf deutsch eine Versammlung. Wir sind aber gewohnt des Wörtleins „Kirche", welches die Einfältigen nicht von einem versammelten Haufen, sondern von dem geweihten Haus oder Gebäude verstehen; wiewohl das Haus nicht sollte eine Kirche heißen, ohne allein darum, dass der Haufe darin zusammenkommt. Denn wir, die zusammenkommen, machen und nehmen uns einen sonderlichen Raum und geben dem Haus nach dem Haufen einen Namen.

Also heißt das Wörtlein Kirche eigentlich nicht anders denn eine „Gemeinde Sammlung", und ist von Art nicht deutsch, sondern griechisch (wie auch das Wort Ecclesia), denn sie heißens auf ihre Sprache Kyria, wie mans lateinisch Curiam nennt. Darum sollts auf recht deutsch und unsere Muttersprache heißen eine „christliche Gemeinde" oder „Sammlung", oder aufs allerbeste oder klarste eine „heilige Christenheit". Also auch das Wort Communio, das daran gehängt ist, sollte nicht Gemeinschaft, sondern „Gemeinde" heißen. Und ist nicht anders denn die Glosse oder Auslegung, da jemand hat wollen deuten, was die christliche Kirche heiße; dafür haben die Unsern, so weder lateinisch noch deutsch gekonnt haben, gemacht „Gemeinschaft der Heiligen", so doch keine deutsche Sprache so redet noch versteht. Aber recht deutsch zu reden sollte es heißen eine „Gemeinge der Heiligen", das ist eine Gemeinde, darin eitel Heilige sind; oder noch klärlicher eine „heilige Gemeinge". Das rede ich darum, dass man die Worte verstehe, weil es so in die Gewohnheit eingerissen ist, dass schwerlich wieder herauszureißen ist, und soll bald Ketzerei sein, wo man ein Wort ändert.

Das ist aber die Meinung und Summa von diesem Zusatz: Ich glaube, dass da sei ein heiliges Häuflein und Gemeinde auf Erden eitler Heiligen unter Einem Haupt, Christo, durch den heiligen Geist zusammen berufen, in Einem Glauben, Sinne und Verstand, mit mancherlei Gaben, doch einträchtig in der Liebe, ohne Rotten und Spaltung. Derselbigen bin ich auch ein Stück und Glied, aller Güter, so sie hat, teilhaftig und Mitgenosse, durch den heiligen Geist dahin gebracht und eingeleibt dadurch, dass ich Gottes Wort gehört habe und noch höre, welches ist der Anfang hineinzukommen. Denn vorhin, ehe wir dazugekommen sind, sind wir gar des Teufels gewesen, als die von Gott und von Christo nichts gewusst haben. So bleibt der heilige Geist bei der heiligen Gemeinde oder Christenheit bis auf den jüngsten Tag, dadurch er uns holt, und braucht sie dazu, das Wort zu führen und treiben, dadurch er die Heiligung macht und mehrt, dass sie täglich zunehme und stark werde im Glauben und seinen Früchten, so er schafft.

Darnach weiter glauben wir, dass wir in der Christenheit haben Vergebung der Sünde, welches geschieht durch die heiligen Sakramente und

Absolution, dazu allerlei Trostsprüche des Evangelii. Darum gehört hierher, was von den Sakramenten zu predigen ist, und Summa das ganze Evangelium und alle Ämter der Christenheit; welches auch Not ist, dass ohne Unterlass gehe. Denn wiewohl Gottes Gnade durch Christum erworben ist und die Heiligkeit durch den heiligen Geist gemacht, durch Gottes Wort in der Vereinigung der christlichen Kirche, so sind wir doch nimmer ohne Sünde unsers Fleisches halber, so wir noch am Hals tragen. Darum ist alles in der Christenheit dazu geordnet, dass man da täglich eitel Vergebung der Sünden durch Wort und Zeichen hole, unser Gewissen zu trösten und aufzurichten, solange wir hier leben; also macht der heilige Geist, dass, ob wir gleich Sünde haben, doch sie uns nicht schaden kann, weil wir in der Christenheit sind, da eitel Vergebung der Sünde ist, - beide, dass uns Gott vergibt und wir untereinander vergeben, tragen und aufhelfen. Außer der Christenheit aber, da das Evangelium nicht ist, ist auch keine Vergebung, wie auch keine Heiligkeit da sein kann. Darum haben sich alle selbst herausgeworfen und gesondert, die nicht durchs Evangelium und Vergebung der Sünde, sondern durch ihre Werke Heiligkeit suchen und verdienen wollen.

Indes aber, weil die Heiligkeit angefangen ist und täglich zunimmt, warten wir, dass unser Fleisch hingerichtet und mit allem Unflat bescharret werde, aber herrlich hervorkomme und auferstehe zu ganzer und völliger Heiligkeit in einem neuen ewigen Leben. Denn jetzt bleiben wir halb und halb rein und heilig, auf dass der heilige Geist immer an uns arbeite durch das Wort und täglich Vergebung austeile bis in jenes Leben, da nicht mehr Vergebung sein wird, sondern ganz und gar reine und heilige Menschen, voller Frömmigkeit und Gerechtigkeit, entnommen und ledig von Sünde, Tod und allem Unglück, in einem neuen, unsterblichen und verklärten Leibe. Siehe, das alles soll des heiligen Geistes Amt und Werk sein, dass er auf Erden die Heiligkeit anfange und täglich mehre durch die zwei Stücke, christliche Kirche und Vergebung der Sünde. Wenn wir aber verwesen, wird ers ganz auf einen Augenblick vollführen und ewig dabei erhalten durch die letzten zwei.

Dass aber hier steht „Auferstehung des Fleisches", ist auch nicht wohl deutsch geredet. Denn wo wir Fleisch hören, denken wir nicht weiter denn an die Scharren. Auf recht deutsch aber würden wir also reden: Auferstehung des Leibes oder Leichnams, doch liegt nicht große Macht daran, so man nur die Worte recht versteht.

Das ist nun der Artikel, der dir immerdar im Werk gehen und bleiben muss. Denn die Schöpfung haben wir nun hinweg, so ist die Erlösung auch ausgerichtet. Aber der heilige Geist treibt sein Werk ohne Unterlass bis auf den jüngsten Tag, dazu er verordnet eine Gemeinde auf Erden, dadurch er alles redet und tut; denn er seine Christenheit noch nicht alle zusammengebracht noch die Vergebung ausgeteilt hat. Darum glauben wir an den, der uns täglich herzuholt durch das Wort und den Glauben gibt, mehrt und stärkt durch dasselbige Wort und Vergebung der Sünde, auf dass er uns, wenn das alles ausgerichtet und wir dabei bleiben, der Welt und allem Unglück absterben, endlich gar und ewig heilig mache, welches wir jetzt durchs Wort im Glauben warten. Siehe, da hast du das ganze göttliche Wesen, Willen und Werk mit ganz kurzen und doch reichen Worten aufs allerfeinste abgemalt, darin alle unsere Weisheit steht, so über alle Menschenweisheit, Sinn und Vernunft geht und schwebt. Denn alle Welt, wiewohl sie mit allem Fleiß darnach getrachtet hat, was doch Gott wäre und was er im Sinn hätte und täte, so hat sie doch der keines je erlangen mögen. Hier aber hast du es alles aufs allerreichlichste. Denn da hat er selbst offenbart und aufgetan den tiefsten Abgrund seines väterlichen Herzens und eitel unaussprechlicher Liebe in allen drei Artikeln. Denn er hat uns eben dazu geschaffen, dass er uns erlöste und heiligte. Und über das, dass er uns alles gegeben und eingetan hatte, was im Himmel und auf Erden ist, hat er uns auch seinen Sohn und heiligen Geist gegeben, durch welche er uns zu sich brächte. Denn wir könnten (wie droben erklärt) nimmermehr dazukommen, dass wir des Vaters Huld und Gnade erkannten, ohne durch den Herrn Christum, der ein Spiegel ist des väterlichen Herzens, außer welchem wir nichts sehen denn einen zornigen und schrecklichen Richter; von Christo aber könnten wir auch nichts wissen, wo es nicht durch den heiligen Geist offenbart wäre.

Darum scheiden und sondern diese Artikel des Glaubens uns Christen von allen andern Leuten auf Erden. Denn was außer der Christenheit ist, es seien Heiden, Türken, Juden oder falsche Christen und Heuchler, ob sie gleich nur einen wahrhaftigen Gott glauben und anbeten, so wissen sie doch nicht, was er gegen ihnen gesinnt ist, können sich auch keiner Liebe noch Gutes zu ihm versehen, darum sie in ewigem Zorn und Verdammnis bleiben; denn sie den HERRN Christum nicht haben, dazu mit keinen Gaben durch den heiligen Geist erleuchtet und begnadet sind.

Aus dem siehst du nun, dass der Glaube gar viel eine andere Lehre ist denn die zehn Gebote. Denn jene lehrt wohl, was wir tun sollen; diese aber sagt, was uns Gott tue und gebe. Die zehn Gebote sind auch sonst in aller Menschen Herzen geschrieben; den Glauben aber kann keine menschliche Klugheit begreifen und muss allein vom heiligen Geist gelehrt werden. Darum macht jene Lehre noch keinen Christen, denn es bleibt noch immer Gottes Zorn und Ungnade über uns, weil wirs nicht halten können, was Gott von uns fordert; aber diese bringt eitel Gnade, macht uns fromm und Gott angenehm. Denn durch diese Erkenntnis kriegen wir Lust und Liebe zu allen Geboten Gottes, weil wir hier sehen, wie sich Gott ganz und gar mit allem, das er hat und vermag, uns gibt zu Hülfe und Steuer, die zehn Gebote zu halten: der Vater alle Kreaturen; Christus alle seine Werke; der heilige Geist alle seine Gaben.

Das sei jetzt genug vom Glauben, einen Grund zu legen für die Einfältigen, dass man sie nicht überlade; auf dass, wenn sie die Summa davon verstehen, darnach selbst weiter nachtrachten, und was sie in der Schrift lernen, hierherziehen und immerdar in reicherm Verstand zunehmen und wachsen. Denn wir haben doch täglich, solange wir hier leben, daran zu predigen und zu lernen.

DER DRITTE TEIL

Das Vaterunser

Wir haben nun gehört, was man tun und glauben soll, darin das beste und seligste Leben steht. Folgt nun das dritte Stück, wie man beten soll. Denn weil es also mit uns getan ist, dass kein Mensch die zehn Gebote vollkommen halten kann, ob er gleich angefangen hat zu glauben, und sich der Teufel mit aller Gewalt samt der Welt und userm eigenen Fleisch dawider sperrt, ist nichts so Not, denn dass man Gott immerdar in Ohren liege, rufe und bitte, dass er den Glauben und Erfüllung der zehn Gebote uns gebe, erhalte und mehre und alles, was uns im Wege liegt und daran hindert, hinwegräume. Dass wir aber wüssten, was und wie wir beten sollten, hat uns unser HERR Christus selbst Weise und Wort gelehrt, wie wir sehen werden.

Ehe wir aber das Vaterunser nacheinander erklären, ist wohl am nötigsten, vorhin die Leute zu vermahnen und reizen zum Gebete, wie auch Christus und die Apostel getan haben. Und soll nämlich das erste sein, dass man wisse, wie wir um Gottes Gebote willen schuldig sind zu beten. Denn so haben wir gehört im andern Gebot: du sollst Gottes Namen nicht unnützlich führen, so darin gefordert werde, den heiligen Namen preisen, in aller Not anrufen oder beten. Denn anrufen ist nichts anders denn beten, also dass es streng und ernstlich geboten ist, so hoch als alles andere, keinen andern Gott haben, nicht töten, nicht stehlen usw. Dass niemand denke, es sei gleichviel, ich bete oder ich bete nicht, wie die groben Leute hingehen in solchem Wahn und Gedanken: Was sollte ich beten, wer weiß, ob Gott mein Gebet achtet oder hören will? Bete ich nicht, so betet ein anderer - und kommen also in die Gewohnheit, dass sie nimmermehr beten, und nehmen zu Behelf, dass wir falsche und Heuchelgebete verwerfen, als lehrten wir, man solle oder dürfe nicht beten.

Das ist aber je wahr, was man bisher für Gebete getan hat, geplärrt und getönt in der Kirche usw., ist freilich kein Gebet gewesen. Denn solches äußerliches Ding, wo es recht geht, mag eine Übung für die jungen Kinder, Schüler und Einfältigen sein und mag gesungen oder gelesen heißen, es heißt aber nicht eigentlich gebetet. Das heißt aber gebetet, wie das andere Gebot lehrt, Gott anrufen in allen Nöten. Das will er von uns haben und soll nicht in unsrer Willkür stehen, sondern sollen und müssen beten, wollen wir Christen sein, so wohl als wir wollen und müssen Vater, Mutter und der Obrigkeit gehorsam sein. Denn durch das Anrufen und Bitten wird der Name Gottes geehrt und nützlich gebraucht. Das sollst du nun vor allen Dingen merken, dass man damit schweige und zurückstoße solche Gedanken, die uns davon halten und abschrecken. Denn gleichwie es nichts gilt, dass ein Sohn zum Vater sagen wollte: Was liegt an meinem Gehorsam, ich will hingehen und tun, was ich kann, es gilt doch gleichviel; sondern da steht das Gebot: Du sollst und musst es tun. Also auch hier steht es nicht in meinem Willen, zu tun und zu lassen, sondern soll und muss gebetet sein.

Daraus sollst du nun schließen und denken, weil es so hoch geboten ist zu beten, dass beileibe niemand seine Gebete verachten soll, sondern groß und viel davon halten. Und nimm immer das Gleichnis von den andern Geboten. Ein Kind soll beileibe nicht seinen Gehorsam gegen Vater und Mutter verachten, sondern immer gedenken: Das Werk ist ein Werk des Gehorsams, und das ich tue, tue ich nicht anderer Meinung, denn dass ich in dem Gehorsam und Gottes Gebot gehe, darauf ich könnte gründen und fußen und solches groß achte nicht um meiner Würdigkeit willen, sondern um des Gebotes willen. Also auch hier: Was und wofür wir bitten, sollen wir so ansehen, als von Gott gefordert und in seinem Gehorsam getan, und also denken: Meinethalben wäre es nichts, aber darum soll es gelten, dass Gott geboten hat. Also soll ein jeglicher, was er auch zu bitten hat, immer vor Gott kommen mit dem Gehorsam dieses Gebotes.

Darum bitten wir und vermahnen aufs fleißigste jedermann, dass man solches zu Herzen nehme und in keinem Weg unsere Gebete verachte; denn man bisher also gelehrt hat ins Teufels Namen, dass niemand solches geachtet hat und gemeint, es wäre genug, dass das Werk getan wäre, Gott erhörts oder hört es nicht. Das heißt das Gebet in die Schanze geschlagen und auf Abenteuer hin gemurrt; darum ist es ein verlorenes Gebet. Denn wir uns solche Gedanken lassen irren und abschrecken: Ich bin nicht heilig noch würdig genug; wenn ich so fromm und heilig wäre als S. Petrus oder Paulus, so wollte ich beten. Aber nur weit hinweg mit solchen Gedanken, denn eben das Gebot, das S. Paul getroffen hat, das trifft mich auch, und ist eben sowohl um meinetwillen das andere Gebot gestellt als um seinetwillen, dass er kein besseres noch heiligeres Gebot zu rühmen hat. Darum sollst du sagen: Mein Gebet, das ich tue, ist eben so köstlich, heilig und Gott gefällig als S. Paulus und der Allerheiligsten; Ursache: Denn ich will ihn gern lassen heiliger sein der Person halben, aber des Gebotes halben nicht, weil Gott das Gebet nicht der Person halber ansieht, sondern seines Wortes und Gehorsams halber. Denn auf das Gebot, darauf alle Heiligen ihr Gebet setzen, setze ich meines auch, dazu bete ich eben das, darum sie allzumal bitten oder gebeten haben.

Das sei das erste und nötigste Stück, dass alle unser Gebet sich gründen und stehen soll auf Gottes Gehorsam, nicht angesehen unsere Person, wir seien Sünder oder Fromme, würdig oder unwürdig. Und sollen wissen, dass Gott in keinem Scherz will geschlagen haben, sondern zürnen und strafen, wo wir nicht bitten, sowohl als er allen andern Ungehorsam straft; darnach dass er unser Gebet nicht will lassen umsonst und verloren sein; denn wo er dich nicht erhören wollte, würde er dich nicht heißen beten und so strenges Gebot darauf schlagen.

Zum andern soll uns desto mehr treiben und reizen, dass Gott auch eine Verheißung dazugetan und zugesagt hat, dass es soll ja und gewiss sein, was wir beten; wie er spricht im 50. Psalm V. 15: Rufe mich an zur Zeit der Not, so will ich dich erretten; und Christus im Evangelio Mt 7,7: Bittet, so wird euch gegeben usw., denn ein jeglicher, der da bittet, der empfängt. Solches sollte je unser Herz erwecken und anzünden, mit Lust und Liebe zu beten, weil er mit seinem Wort bezeugt, dass ihm unser Gebet herzlich wohlgefalle, dazu gewißlich erhört und gewährt sein soll, auf dass wirs nicht verachten noch in den Wind schlagen und aufs ungewisse beten. Solches kannst du ihm aufrücken und sprechen: Hier komme ich, lieber Vater, und bitte nicht aus meinem Vornehmen noch auf eigene Würdigkeit, sondern auf dein Gebot und Verheißung, so mir nicht fehlen noch lügen kann. Wer nun solcher Verheißung nicht glaubt, soll abermal wissen, dass er Gott erzürnt, als der ihn aufs höchste unehrt und Lügen straft.

Über das soll uns auch locken und ziehen, dass Gott neben dem Gebot und Verheißung zuvorkommen und selbst die Worte und Weise stellt und uns in den Mund legt, wie und was wir beten sollen, auf dass wir sehen, wie herzlich er sich unsrer Not annimmt, und ja nicht daran zweifeln, dass ihm solches Gebet gefällig sei und gewisslich erhört werde; welches gar ein großer Vorteil ist vor allen andern Gebeten, so wir selbst erdenken möchten. Denn da würde das Gewissen immer im Zweifel stehen und sagen: Ich habe gebetet; aber wer weiß, wie es ihm gefällt, oder ob die rechte Maß und Weise getroffen habe? Darum ist auf Erden kein edler Gebet zu finden denn das tägliche Vaterunser, weil es solch treffliches Zeugnis hat, dass Gott herzlich gern hört, davor wir nicht der Welt Gut sollen nehmen.

Und ist auch darum also vorgeschrieben, dass wir sehen und bedenken die Not, so uns zwingen und dringen sollen, ohne Unterlass zu beten. Denn wer da bitten will, der muss etwas bringen, vortragen und nennen, des er begehrt; wo nicht, so kann es kein Gebet heißen. Darum haben wir billig der Mönche und Pfaffen Gebete verworfen, die Tag und Nacht feindlich heulen und murren; aber ihrer keiner denkt um ein Haar breit zu bitten, und wenn man alle Kirchen samt den Geistlichen zusammenbrächte, so müssten sie bekennen, dass sie nie von Herzen um ein Tröpflein Weins gebetet. Denn ihrer keiner je hat aus Gottes Gehorsam und Glauben der Verheißung vorgenommen zu beten, auch keine Not angesehen, sondern nicht weiter gedacht (wenn mans aufs beste ausgerichtet hat), denn ein gutes Werk zu tun, damit sie Gott bezahlten, als die nicht von ihm nehmen, sondern nur ihm geben wollten.

Wo aber ein rechtes Gebet sein soll, da muss ein Ernst sein, dass man seine Not fühle, und solche Not, die uns drückt und treibt zu rufen und schreien; so geht denn das Gebet von sich selbst, wie es gehen soll, dass man keines Lehrens bedarf, wie man sich dazu bereiten und Andacht schöpfen soll. Die Not aber, so uns beide für uns und jedermann anliegen soll, wirst du reichlich genug im Vaterunser finden. Darum soll es auch dazu dienen, dass man sich derselben daraus erinnere, betrachte und zu Herzen nehme, auf dass wir nicht lass werden zu beten; denn wir haben alle genug, das uns mangelt; es fehlt aber daran, dass wirs nicht fühlen noch sehen. Darum auch Gott haben will, dass du solche Not und Anliegen klagst und anziehst; nicht dass er nicht wisse, sondern dass du dein Herz entzündest, desto stärker und mehr zu begehren, und nur den Mantel weit ausbreitest und auftust, viel zu empfangen.

Darum sollten wir uns von Jugend auf gewöhnen, ein jeglicher für alle seine Not, wo er nur etwas fühlt, das ihm anstößt und auch anderer Leute, unter welchen er ist, täglich zu bitten, als für Prediger, Obrigkeit, Nachbar, Gesinde, und immer (wie gesagt) Gott sein Gebot und Verheißung aufrücken und wissen, dass ers nicht will verachtet haben. Das sage ich darum; denn ich wollte gerne, dass man solches wieder in die Leute brächte, dass sie lernten recht beten und nicht so roh und kalt hingehen, davon sie täglich ungeschickter werden zu beten, welches auch der Teufel haben will und mit allen Kräften dazu hilft, denn er fühlt wohl, was ihm für Leid und Schaden tut, wenn das Gebet recht im Schwange geht.

Denn das sollen wir wissen, dass all unser Schirm und Schutz allein in dem Gebete steht. Denn wir sind dem Teufel viel zu schwach samt seiner Macht und Anhang, so sich wider uns legen, dass sie uns wohl könnten mit Füßen zertreten. Darum müssen wir denken und zu den Waffen greifen, damit die Christen sollen gerüstet sein, wider den Teufel zu bestehen. Denn was meinst du, dass bisher so großes Ding ausgerichtet habe, unserer Feinde Ratschlagen, Vornehmen, Mord und Aufruhr gewehrt oder gedämpft, dadurch uns der Teufel samt dem Evangelio gedacht hat unterzudrücken, wo nicht etlicher frommer Leute Gebete als eine eiserne Mauer auf unserer Seite dazwischengekommen wären? Sie sollten sonst selbst gar viel ein anderes Spiel gesehen haben, - wie der Teufel ganz Deutschland in seinem eigenen Blut verderbt hätte. jetzt aber mögen sie es getrost verlachen und ihren Spott haben; wir wollen aber dennoch beiden, ihnen und dem Teufel allein durch das Gebet Mannes genug sein, wo wir nur fleißig anhalten und nicht lass werden. Denn wo irgendein frommer Christ bittet: Lieber Vater, lass doch deinen Willen geschehen; so spricht er droben: ja, liebes Kind, es soll ja sein und geschehen, dem Teufel und aller Welt zu trotz. Das sei nun zur Vermahnung gesagt, dass man vor allen Dingen lerne das Gebet groß und teuer achten und einen rechten Unterschied wisse zwischen dem Plappern und etwas Bitten. Denn wir verwerfen mitnichten das Gebet, sondern das ganz unnütze Geheule und Gemurre verwerfen wir, wie auch Christus selbst langes Gewäsche verwirft und verbietet. Nun wollen wir das Vaterunser aufs kürzeste und klärlichste handeln. Da ist nun in sieben Artikel oder Bitten nacheinander gefasst alle Not, so uns ohne Unterlass belangt, und eine jegliche so groß, dass sie uns treiben sollte, unser Leben lang daran zu bitten.

DIE ERSTE BITTE

Geheiligt werde dein Name

Das ist nun etwas finster und nicht wohl deutsch geredet, denn in unserer Muttersprache würden wir also sprechen: Himmlischer Vater, hilf, dass nur dein Name möge heilig sein. Was ists nun gebetet, dass sein Name heilig werde? Ist er nicht vorhin heilig? Antwort: ja er ist allezeit heilig in seinem Wesen, aber in unserm Brauch ist er nicht heilig. Denn Gottes Name ist uns gegeben, weil wir Christen geworden und getauft sind, dass wir Gottes Kinder heißen und die Sakramente haben, dadurch er uns mit ihm verleibt also dass alles, was Gottes ist, zu unserm Brauch dienen soll. Da ist nun die große Not, dafür wir am meisten sorgen sollen, dass der Name seine Ehre habe, heilig und hehr gehalten werde als unser höchster Schatz und Heiligtum, so wir haben, und dass wir als die frommen Kinder darum bitten, dass sein Name, der sonst im Himmel heilig ist, auch auf Erden bei uns und aller Welt heilig sei und bleibe.

Wie wird er nun unter uns heilig? Antwort aufs deutlichste, so mans sagen kann: wenn beide, unsere Lehre und Leben, göttlich und christlich ist. Denn weil wir in diesem Gebete Gott unsern Vater heißen, so sind wir schuldig, dass wir uns allenthalben halten und stellen wie die frommen Kinder, dass er nicht an uns Schande, sondern Ehre und Preis habe. Nun wird er von uns entweder mit Worten oder mit Werken verunheiligt (denn was wir auf Erden machen, muss entweder Wort oder Werk, Reden oder Tun sein). Zum ersten also: Wenn man predigt, lehrt und redet unter Gottes Namen, das doch falsch und verführerisch ist, dass sein Name die Lüge schmecken und verkaufend muss, das ist nun die größte Schande und Unehre göttlichen Namens. Darnach auch, wo man gröblich den heiligen Namen zum Schanddeckel führt mit Schwören, Fluchen, Zaubern usw.

Zum andern auch mit öffentlichem bösen Leben und Werken, wenn die, so Christen und Gottes Volk heißen, Ehebrecher, Säufer, geizige Wänste, neidisch und Afterreder sind. Da muss abermal Gottes Name um unsertwillen mit Schanden bestehen und gelästert werden. Denn gleichwie es einem leiblichen Vater eine Schande und Unehre ist, der ein böses, ungeratenes Kind hat, das mit Worten und Werken wider ihn handelt, dass er um seinetwillen muss verachtet und geschmäht werden, also reicht es auch zu Gottes Unehre, so wir, die nach seinem Namen genannt sind und allerlei Güter von ihm haben, anders lehren, reden und leben denn fromme und himmlische Kinder, dass er hören muss, dass man von uns sagt: wir müssen nicht Gottes, sondern des Teufels Kinder sein.

Also siehst du, dass wir eben das in diesem Stücke bitten, so Gott im andern Gebote fordert, nämlich dass man seinen Namen nicht Missbrauche zu schwören, fluchen, lügen, trügen usw., sondern nützlich brauche zu Gottes Lob und Ehre. Denn wer Gottes Namen zu irgendeiner Untugend braucht, der entheiligt und entweiht diesen heiligen Namen; wie man vorzeiten eine Kirche entweiht hieß, wenn ein Mord oder andere Büberei darin begangen war, oder wenn man eine Monstranz oder Heiligtum verunehrte, als das wohl an ihm selbst heilig und doch im Brauch unheilig ward. Also ist das Stück leicht und klar, wenn man nur die Sprache versteht. Das Heiligen heißt so viel als auf unsere Weise: loben, preisen und ehren - beide, mit Worten und Werken.

Da siehe nun, wie hoch solches Gebet vonnöten ist. Denn weil wir sehen, wie die Welt so voll Rotten und falscher Lehren ist, die alle den heiligen Namen zum Deckel und Schein ihrer Teufelslehre führen, sollten wir billig und ohne Unterlass schreien und rufen wider solche alle, beide, die fälschlich predigen und glauben, und was unser Evangelium und reine Lehre anficht, verfolgt und dämpfen will, als Bischöfe, Tyrannen, Schwärmer usw. Weiter auch für uns selbst, die wir Gottes Wort haben, aber nicht dankbar dafür sind noch darnach leben, wie wir sollen. Wenn du nun solches von Herzen bittest, kannst du gewiß sein, dass es Gott wohlgefällt. Denn Lieberes wird er nicht hören, denn dass seine Ehre und Preis vor und über alle Dinge gehe, sein Wort rein gelehrt, teuer und wert gehalten werde.

DIE ZWEITE BITTE

Dein Reich komme

Wie wir im ersten Stücke gebeten haben, das Gottes Ehre und Namen betrifft, dass Gott wehre, dass die Welt nicht ihre Lügen und Bosheit darunter schmücke, sondern höher und heilig halte, - beide, mit Lehre und Leben, dass er an uns gelobt und gepriesen werde, also bitten wir hier, dass auch sein Reich kommen solle. Aber gleichwie Gottes Name an ihm selbst heilig ist und wir doch bitten, dass er bei uns heilig sei, also kommt auch sein Reich ohne unser Bitten von sich selbst; doch bitten wir gleichwohl, dass es zu uns komme, das ist unter uns und bei uns gehe, also dass wir auch ein Stück seien, darunter sein Name geheiligt werde und sein Reich im Schwang gehe.

Was heißt nun Gottes Reich? Antwort: nichts anders denn wie wir droben im Glauben gehört haben, dass Gott seinen Sohn Christum, unsern

Herrn, in die Welt geschickt, dass er uns erlöse und frei machte von der Gewalt des Teufels und zu sich brächte und regiere als ein König der Gerechtigkeit, des Lebens und Seligkeit wider Sünde, Tod und böse Gewissen, dazu er auch seinen heiligen Geist gegeben hat, der uns solches heimbrächte durch sein heiliges Wort und durch seine Kraft im Glauben erleuchtete und stärkte. Derhalben bitten wir nun hier zum ersten, dass solches bei uns kräftig werde und sein Name so gepriesen durch das heilige Wort Gottes und christliches Leben, - beide, dass wir, die es angenommen haben, dabei bleiben und täglich zunehmen, und dass es bei andern Leuten einen Zufall und Anhang gewinne und gewaltiglich durch die Welt gehe, auf dass ihrer viel zu dem Gnadenreich kommen, der Erlösung teilhaftig werden, durch den heiligen Geist herzugebracht, auf dass wir also allesamt in einem Königreich, jetzt angefangen, ewiglich bleiben.

Denn dass Gottes Reich zu uns komme, geschieht auf zweierlei Weise: einmal hier zeitlich durch das Wort und den Glauben, zum andern ewig durch die Offenbarung. Nun bitten wir solches beides, dass es komme zu denen, die noch nicht darin sind, und zu uns, die es überkommen haben, durch tägliches Zunehmen und künftig in dem ewigen Leben. Das alles ist nicht anders denn soviel gesagt: Lieber Vater, wir bitten, gib uns erstlich dein Wort, dass das Evangelium rechtschaffen durch die Welt gepredigt werde. Zum andern, dass es auch durch den Glauben angenommen werde, in uns wirke und lebe; dass also dein Reich unter uns gehe durch das Wort und Kraft des heiligen Geistes und des Teufels Reich niedergelegt werde, dass er kein Recht noch Gewalt über uns habe, so lange bis es endlich gar zerstört, die Sünde, Tod und Hölle vertilgt werde, dass wir ewig leben in voller Gerechtigkeit und Seligkeit.

Aus dem siehst du, dass wir hier nicht um eine Parteke oder zeitliches, vergängliches Gut bitten, sondern um einen ewigen überschwenglichen Schatz und alles, was Gott selbst vermag, das viel zu groß ist, dass ein menschliches Herz solches dürfte in Sinn nehmen zu begehren, wo ers nicht selbst geboten hätte zu bitten. Aber weil er Gott ist, will er auch die Ehre haben, dass er viel mehr und reichlicher gibt, denn jemand begreifen kann, als ein ewiger unvergänglicher Quell, der, je mehr er ausfließt und übergeht, je mehr er von sich gibt, und nichts höher von uns begehrt, denn dass man viele und große Dinge von ihm bitte, und wiederum zürnt, wenn man nicht getrost bittet und fordert.

Denn gleich als wenn der reichste, mächtigste Kaiser einen armen Bettler hieße bitten, was er nur begehren möchte, und bereit wäre, großes kaiserliches Geschenk zu geben, und der Narr nicht mehr denn eine Hofsuppe bettelte, würde er billig als ein Schelm und Bösewicht gehalten, als der mit kaiserlicher Majestät Befehl seinen Hohn und Spott triebe und nicht wert wäre, vor seine Augen zu kommen. Also reicht es auch Gott zu großer Schmach und Unehre, wenn wir, denen er so viel unaussprechliche

Güter anbietet und zusagt, solches verachten oder nicht trauen zu empfangen und kaum um ein Stück Brot unterwinden zu bitten. Das ist alles des schändlichen Unglaubens Schuld, der sich nicht so viel Gutes zu Gott versieht, dass er ihm den Bauch ernähre, geschweige dass er solche ewige Güter sollte ungezweifelt von Gott erwarten. Darum sollen wir uns dawider stärken und dies lassen das erste sein zu bitten, so wird man freilich alles andere auch reichlich haben, wie Christus lehrt: Trachtet am ersten nach dem Reiche Gottes, so soll euch solches alles zufallen. Denn wie sollte er uns an Zeitlichem mangeln und darben lassen, weil er das Ewige und Unvergängliche verheißt?

DIE DRITTE BITTE

Dein Wille geschehe wie im Himmel also auch auf Erden

Bisher haben wir gebetet, dass sein Name von uns geehrt werde und sein Reich unter uns gehe. In welchen zweien ganz begriffen ist, was Gottes Ehre und unsere Seligkeit belangt, dass wir Gott samt allen seinen Gütern zu eigen kriegen. Aber hier ist ja nun so große Not, dass wir solches festhalten und uns nicht lassen davon reißen. Denn wie in einem guten Regiment nicht allein müssen sein, die da bauen und wohl regieren, sondern auch, die da wehren, schützen und fest darüberhalten, also auch hier. Wenn wir gleich für die höchste Not gebeten haben um das Evangelium, Glauben und heiligen Geist, dass er uns regiere, aus des Teufels Gewalt erlöse, so müssen wir auch bitten, dass er seinen Willen geschehen lasse. Denn es wird sich gar wunderlich anlassen, wenn wir dabei bleiben sollen, dass wir viel Anstöße und Püffe darüber leiden müssen von dem allen, so sich untersteht, die zwei vorigen Stücke zu hindern und wehren.

Denn niemand glaubt, wie sich der Teufel dawider setzt und sperrt, als der nicht leiden kann, dass jemand recht lehre oder glaube, und tut ihm über die Maße wehe, dass er muss seine Lügen und Gräuel, unter dem schönsten Schein göttlichen Namens geehrt, aufdecken lassen und mit allen Schanden stehen, dazu aus dem Herzen getrieben werden und einen solchen Riss in sein Reich lassen geschehend. Darum tobt und wütet er als ein zorniger Feind, mit aller seiner Macht und Kraft, hängt sich an alles, was unter ihm ist, dazu nimmt er zu Hilfe die Welt und unser eigenes Fleisch. Denn unser Fleisch ist an sich selbst faul und zum Bösen geneigt, ob wir gleich Gottes Wort angenommen haben und glauben; die Welt aber ist arg und böse; da hetzt er an, bläst und schürt zu, dass er uns hindere, zurücktreibe, fälle und wieder unter seine Gewalt bringe; das ist alles sein Wille, Sinn und Gedanken, darnach er Tag und Nacht trachtet und keinen Augenblick feiert, braucht alle Künste und Tücke, Weise und Wege dazu, die er immer erdenken kann.

Darum müssen wir uns gewisslich dessen versehen und erwägen, so wir Christen sein wollen, dass wir den Teufel samt allen seinen Engeln und der Welt zu Feinden haben, die uns alles Unglück und Herzleid anlegen. Denn wo Gottes Wort gepredigt, angenommen oder geglaubt wird und Frucht schafft, da soll das liebe heilige Kreuz auch nicht außen bleiben. - Und denke nur niemand, dass er Frieden haben werde, sondern hintenansetzen müsse, was er auf Erden hat: Gut, Ehre, Haus und Hof, Weib und Kind, Leib und Leben. Das tut nun unserm Fleisch und alten Adam wehe. Denn es heißt festhalten und mit Geduld leiden, wie man uns angreift, und fahren lassen, was man uns nimmt. Darum ist je so große Not als in allen andern, dass wir ohne Unterlass bitten: Lieber Vater, dein Wille geschehe, nicht des Teufels und unserer Feinde Wille, noch alles des, so dein heiliges Wort verfolgen und dämpfen will oder dein Reich hindern, und gib uns, dass wir alles, was darüber zu leiden ist, mit Geduld tragen und überwinden, dass unser armes Fleisch aus Schwachheit oder Trägheit nicht weiche noch abfalle.

Siehe, also haben wir aufs einfältigste in diesen drei Stücken die Not, so Gott selbst betrifft, doch alles um unsertwillen. Denn es gilt allein uns, was wir bitten, nämlich also, wie gesagt, dass auch in uns geschehe, das sonst außer uns geschehen muss. Denn wie auch ohne unser Bitten sein Name geheiligt werden und sein Reich kommen muss, also muss auch sein Wille geschehen und durchdringen, obgleich der Teufel mit allem seinen Anhang sehr dawider rumoren, zürnen und toben und sich unterstehen, das Evangelium ganz auszutilgen. Aber um unsertwillen müssen wir bitten, dass sein Wille auch unter uns wider solches ihr Toben unverhindert gehe, dass sie nichts schaffen können und wir wider alle Gewalt und Verfolgung fest dabei bleiben und solchen Willen Gottes uns gefallen lassen.

Solches Gebet soll nun jetzt unser Schutz und Wehr sein, die zurückschlage und niederlege alle.-, was der Teufel, Bischöfe, Tyrannen und Ketzer wider unser Evangelium vermögen. Lass sie alle zumal zürnen und ihr Höchstes versuchen, ratschlagen und beschließen, wie sie uns dämpfen und ausrotten wollen, dass ihr Wille und Rat fortgehe und bestehe; dawider soll ein Christ oder zwei mit diesem einigen Stück unsere Mauer sein, daran sie anlaufen und zu scheitern gehen. Den Trost und Trotz haben wir, dass des Teufels und aller unserer Feinde Willen und Vornehmen soll und muss untergehen und zunichte werden, wie stolz, sicher und gewaltig sie sich wissen, denn wo ihr Wille nicht gebrochen und gehindert würde, so könnte sein Reich auf Erden nicht bleiben noch sein Name geheiligt werden.

DIE VIERTE BITTE

Unser täglich Brot gib uns heute

Hier bedenken wir nun den armen Brotkorb, unsers Leibes und zeitlichen Lebens Notdurft, und ist ein kurzes einfältiges Wort, greift aber auch sehr weit um sich. Denn wenn du täglich Brot nennst und bittest, so bittest du alles, was dazugehört, das tägliche Brot zu haben und genießen, und dagegen auch wider alles, so dasselbige hindert. Darum musst du deine Gedanken wohl auftun und ausbreiten, nicht allein in Backofen oder Mehlkasten, sondern ins weite Feld und ganze Land, so das tägliche Brot und allerlei Nahrung trägt und uns bringt. Denn wo es Gott nicht wachsen ließe, segnete und auf dem Lande erhielte, würden wir nimmer Brot aus dem Backofen nehmen noch auf den Tisch zu legen haben. Und dass wirs kürzlich fassen, so will diese Bitte mit eingeschlossen haben alles, was zu diesem ganzen Leben in der Welt gehört, weil wir allein um deswillen das tägliche Brot haben müssen. Nun gehört nicht allein zum Leben, dass unser Leib sein Futter und Decke und andere Notdurft habe, sondern auch, dass wir unter den Leuten, mit welchen wir leben und umgehen in täglichem Handel und Wandel und allerlei Wesen, mit Ruhe und Frieden hinkommen. Summa, alles, was beide, häusliches und nachbarliches oder bürgerliches Wesen und Regiment, belangt. Denn wo diese zwei gehindert werden, dass sie nicht gehen, wie sie gehen sollen, da ist auch des Lebens Notdurft gehindert, dass endlich nicht kann erhalten werden. Und ist wohl das allernötigste, für weltliche Obrigkeit und Regiment zu bitten, als durch welches uns Gott allermeist unser täglich Brot und alles Gemach dieses Lebens erhält. Denn ob wir gleich alle Güter von Gott die Fülle überkommen haben, so können wir doch desselben keines behalten noch sicher und fröhlich brauchen, wo er uns nicht ein beständiges, friedliches Regiment gäbe; denn wo Unfriede, Hader und Krieg ist, da ist das tägliche Brot schon genommen oder je gewehrt.

Darum möchte man billig in eines jeglichen frommen Fürsten Schild ein Brot setzen für einen Löwen oder Rautenkranz oder auf die Münze für das Gepräge schlagen, zu erinnern beide, sie und die Untertanen, dass wir durch ihr Amt Schutz und Friede haben und ohne sie das liebe Brot nicht essen noch behalten können. Darum sie auch aller Ehren wert sind, dass man ihnen dazu gebe, was wir sollen und können, als denen, durch welche wir alles, was wir haben, mit Friede und Ruhe genießen, da wir sonst keinen Heller behalten würden, dazu dass man auch für sie bitte, dass Gott desto mehr Segen und Gutes durch sie uns gebe.

Also sei aufs kürzeste angezeigt und entworfen, wie weit dies Gebot geht durch allerlei Wesen auf Erden. Daraus möchte nun jemand ein langes Gebet machen und mit vielen Worten alle solche Stücke, so darein gehören, aufzählen, als nämlich dass wir bitten, dass uns Gott gebe Essen und Trinken, Kleider, Haus und Hof und gesunden Leib, dazu das Getreide und Früchte auf dem Felde wachsen und wohl geraten lasse; danach auch daheim wohl haushalten helfe, frommes Weib, Kinder und Gesinde gebe und bewahre, unsere Arbeit, Handwerk, oder was wir zu tun haben, gedeihen und gelingen lasse, treue Nachbarn und gute Freunde beschere usw. Item Kaiser, Königen und allen Ständen und sonderlich unsern Landesfürsten, allen Räten, Oberherrn und Amtleuten Weisheit, Stärke und Glück gebe, wohl zu regieren und wider Türken und alle Feinde zu siegen; den Untertanen und Gemeinden Haufen Gehorsam, Friede und Eintracht, untereinander zu leben; und wiederum, dass er uns behüte vor allerlei Schaden des Leibes und Nahrung, Ungewitter, Hagel, Feuer, Wasser, Gift, Pestilenz, Viehsterben, Krieg und Blutvergießen, teurer Zeit, schädlichen Tieren, bösen Leuten usw. Welches alles gut ist, den Einfältigen einzuprägen, dass solches und dergleichen von Gott muss gegeben und von uns muss gebeten sein.

Vornehmlich aber ist dies Gebet auch gestellt wider unsern höchsten Feind, den Teufel. Denn das ist alle sein Sinn und Begehr, solches alles, was wir von Gott haben, zu nehmen oder hindern, und lässt ihm nicht genügen, dass er das geistliche Regiment hindere und zerstöre, damit dass er die Seelen durch seine Lügen verführt und unter seine Gewalt bringt, sondern mehrt und hindert auch, dass kein Regiment noch ehrbarliches und friedliches Wesen auf Erden bestehe. Da richtet er so viel Hader, Mord, Aufruhr und Krieg an, weiter Ungewitter, Hagel, das Getreide und Vieh zu verderben, die Luft zu vergiften usw. Summa, es ist ihm leid, dass jemand einen Bissen Brotes von Gott habe und mit Frieden esse, und wenn es in seiner Macht stünde und unser Gebet (nächst Gott) nicht wehret, würden wir freilich keinen Halm auf dem Felde, keinen Heller im Hause, ja nicht eine Stunde das Leben behalten, sonderlich die, so Gottes Wort haben und gern wollten Christen sein.

Siehe, also will uns Gott anzeigen, wie er sich aller unserer Not annimmt und so treulich auch für unsere zeitliche Nahrung sorgt; und wiewohl er solches reichlich gibt und erhält, auch den Gottlosen und Buben, doch will er, dass wir darum bitten, auf dass wir erkennen, dass wirs von seiner Hand empfangen und darin seine väterliche Güte gegen uns spüren. Denn wo er die Hand abzieht, so kann es doch nicht endlich gedeihen noch erhalten werden, wie man wohl täglich sieht und fühlt. Was ist jetzt für eine Plage in der Welt allein mit der bösen, Münze, ja mit täglicher Beschwerung und Aufsetzen in Gemeinden Handel, Kauf und Arbeit derer, die nach ihrem Mutwillen die liebe Armut drücken und ihr täglich Brot entziehen. Welches wir zwar müssen leiden, sie aber mögen sich vorsehen, dass sie nicht das Gemeinde Gebet verlieren, und sich hüten, dass dies Stücklein im Vaterunser nicht wider sie gehe.

DIE FÜNFTE BITTE

Und verlasse uns unsere Schuld, als wir verlassen unsern Schuldigern

Dies Stück betrifft nun unser armes und elendes Leben, welches, ob wir gleich Gottes Wort haben, glauben, seinen Willen tun und leiden und uns von Gottes Gabe und Segen nähren, geht es doch ohne Sünde nicht ab, weil wir noch täglich straucheln und zuviel tun; weil wir in der Welt leben unter den Leuten, die uns viel zuleide tun und Ursache geben zu Ungeduld, Zorn, Rache usw., dazu den Teufel hinter uns haben, der uns auf allen Seiten zusetzt und ficht (wie gehört) wider alle vorigen Stücke, dass nicht möglich ist, in solchem steten Kampf allzeit feststehen. Darum ist hier abermal große Not zu bitten und rufen - Lieber Vater, verlasse uns unsere Schuld; nicht dass er auch ohne und vor unserm Bitten nicht die Sünde vergebe (denn er hat uns das Evangelium, darin eitel Vergebung ist, geschenkt, ehe wir darum gebeten oder jemals danach gesonnen haben); es ist aber darum zu tun, dass wir solche Vergebung erkennen und annehmen. Denn weil das Fleisch, darin wir täglich leben, der Art ist, dass es Gott nicht trauet und glaubt, und sich immerdar regt mit bösen Lüsten und Tücken dass wir täglich mit Worten und Werken, mit Tun und Lassen sündigen, davon das Gewissen zu Unfrieden kommt, das sich vor Gottes Zorn und Ungnade fürchtet und also den Trost und Zuversicht aus dem Evangelio sinken lässt; so ist ohne Unterlass vonnöten, dass man hierher laufe und Trost hole, das Gewissen wiederaufzurichten.

Solches aber soll nun dazu dienen, dass uns Gott den Stolz breche und in der Demut halte. Denn er hat sich vorbehalten das Vorteil, ob jemand wollte auf seine Frömmigkeit pochen und andere verachten, dass er sich selbst ansehe und dies Gebet vor Augen stelle, so wird er finden, dass er eben so fromm ist als die andern, und müssen alle vor Gott die Federn niederschlagend und froh werden, dass wir zu der Vergebung kommen. Und denke es nur niemand, solange wir hier leben, dahinzubringen, dass er solcher Vergebung nicht bedürfe. Summa, wo er nicht ohne Unterlass vergibt, so sind wir verloren.

So ist nun die Meinung dieser Bitte, dass Gott nicht wollte unsere Sünde ansehen und vorhalten, was wir täglich verdienen, sondern mit Gnaden gegen uns handeln und vergeben, wie er verheißen hat, und also ein fröhliches und unverzagtes Gewissen geben, vor ihm zu stehen und zu bitten. Denn wo das Herz nicht mit Gott recht steht und solche Zuversicht schöpfen kann, so wird es nimmermehr sich dürfen unterstehen zu beten. Solche Zuversicht aber und fröhliches Herz kann nirgend herkommen, denn es wisse, dass ihm die Sünden vergeben seien.

Es ist aber dabei ein nötiger und doch tröstlicher Zusatz angehängt: als wir vergeben unsern Schuldigern. Er hats verheißen, dass wir sollen sicher sein, dass uns alles vergeben und geschenkt sei, doch so fern, dass wir auch unserm Nächsten vergeben. Denn wie wir gegen Gott täglich viel verschulden und er doch aus Gnaden alles vergibt, also müssen auch wir unserm Nächsten immerdar vergeben, so uns Schaden, Gewalt und Unrecht tut, böse Tücke beweist usw. Vergibst du nun nicht so denke auch nicht, dass dir Gott vergebe. Vergibst du aber, so hast du den Trost und Sicherheit, dass dir im Himmel vergeben wird, nicht um deines Vergebens willen; denn er tut es frei umsonst, aus lauter Gnade, weil ers verheißen hat, wie das Evangelium lehrt, sondern dass er uns solches zu Stärke und Sicherheit als zum Wahrzeichen setze neben der Verheißung, die mit diesem Gebete stimmt: Vergebt, so wird euch vergeben. Darum sie auch Christus bald nach dem Vaterunser wiederholt und spricht: Denn so ihr den Menschen ihre Fehler vergebt, so wird euch euer himmlischer Vater auch vergeben usw.

Darum ist nun solches Zeichen bei diesem Gebete mit angeheftet, dass, wenn wir bitten, wir uns der Verheißung erinnern und also denken: Lieber Vater, darum komme und bitte ich, dass du mir vergebest, nicht dass ich mit Werken genugtun oder verdienen könne, sondern weil du es verheißen hast und das Siegel daran gehängt, dass so gewiss sein solle, als habe ich ein Absolution, von dir selbst gesprochen. Denn wie viel die Taufe und Sakrament, äußerlich zum Zeichen gestellt, schaffen, soviel vermag auch dies Zeichen, unser Gewissen zu stärken und fröhlich zu machen, und ist vor andern eben darum gestellt, dass wirs alle Stunden könnten brauchen und üben, als das wir allezeit bei uns haben.

DIE SECHSTE BITTE

Und führe uns nicht in Versuchung

Wir haben nun genug gehört, was für Mühe und Arbeit will haben, dass man das alles, so man bittet, erhalte und dabei bleibe, das dennoch nicht ohne Gebrechen und Straucheln abgeht; dazu, ob wir gleich Vergebung und gutes Gewissen überkommen haben und ganz losgesprochen sind, so ists doch mit dem Leben so getan, dass einer heute steht und morgen davon fällt. Darum müssen wir abermal bitten, ob wir nun fromm sind und mit gutem Gewissen gegen Gott stehen, dass er uns nicht lasse zurückfallen und der Anfechtung oder Versuchung weichen. Die Versuchung aber oder (wie es unsere Sachsen von alters her nennen) Beköhrung ist dreierlei: des Fleisches, der Welt und des Teufels. Denn im Fleisch wohnen wir und tragen den alten Adam am Hals, der regt sich und reizt uns täglich zur Unzucht, Faulheit, Fressen und Saufen, Geiz und Täuscherei, den Nächsten zu betrügen und übersetzen, und Summa, allerlei böse Lüste, so uns von Natur ankleben und dazu erregt werden durch anderer Leute Gesellschaft, Exempel, Hören und Sehen, welche oftmals auch ein unschuldiges Herz verwunden und entzünden.

Darnach ist die Welt, so uns mit Worten und Werken beleidigt und treibt zu Zorn und Ungeduld; Summa, da ist nichts denn Hass und Neid, Feindschaft, Gewalt und Unrecht, Rächen, Fluchen, Schelten, Afterreden, Hoffart und Stolz mit überflüssigem Schmuck, Ehre, Ruhm und Gewalt, da niemand will der Geringste sein, sondern obenan sitzen und vor jedermann gesehen sein. Dazu kommt nun der Teufel, hetzt und bläst auch allenthalben zu. Aber sonderlich treibt er, was das Gewissen und geistliche Sachen betrifft, nämlich dass man beide, Gottes Wort und Werk, in Wind schlage und verachte, dass er uns vom Glauben, Hoffnung und Liebe reiße und bringe zu Missglauben, falscher Vermessenheit und Verstockung, oder wiederum zur Verzweiflung, Gottes Verleugnen und Lästerung und andern unzähligen gräulichen Stücken. Das sind nun die Stricke und Netze, ja die rechten feurigen Pfeile, die nicht Fleisch und Blut, sondern der Teufel aufs allergiftigste ins Herz schießt.

Das sind je große, schwere Gefahren und Anfechtung, so ein jeglicher Christ tragen muss, wenn auch jeglicher für sich allein wäre, auf dass wir je getrieben werden, alle Stunden zu rufen und bitten, weil wir in dem schändlichen Leben sind, da man uns auf allen Seiten zusetzt, jagt und treibt, dass uns Gott nicht lasse matt und müde werden und wieder zurückfallen in Sünde, Schande und Unglauben; denn sonst ists unmöglich, auch die allergeringste Anfechtung zu überwinden.

Solches heißt nun „nicht einführen in Versuchung", wenn er uns Kraft und Stärke gibt zu widerstehen, doch die Anfechtung nicht weggenommen noch aufgehoben. Denn Versuchung und Reizung kann niemand umgehen, weil wir im Fleisch leben und den Teufel um uns haben, und wird nichts anders draus, wir müssen Anfechtung leiden, ja darin stecken; aber da bitten wir vor, dass wir nicht hineinfallen und darin ersaufen. Darum ists ein viel anderes Ding, Anfechtung fühlen - und darein verwilligen oder ja dazu sagen. Fühlen müssen wir sie alle, wiewohl nicht alle einerlei, sondern etliche mehr und schwerer: als die Jugend vornehmlich vom Fleisch; darnach was erwachsen und alt wird, von der Welt. Die andern aber, so mit geistlichen Sachen umgehen, das ist die starken Christen, vom Teufel. Aber solches Fühlen, weil es wider unsern Willen ist und wir seiner lieber los wären, kann niemand schaden. Denn wo mans nicht fühlte, könnte es keine Anfechtung heißen. Bewilligen aber ist, wenn man ihm den Zaum lässt, nicht dawider steht noch bittet.

Derhalben müssen wir Christen des gerüstet sein und täglich erwarten, dass wir ohne Unterlass angefochten werden, auf dass niemand so sicher und unachtsam hingehe, als sei der Teufel weit von uns, sondern allenthalben der Streiche erwarten und ihm versetzen. Denn ob ich jetzt keusch, geduldig, freundlich bin und in festem Glauben stehe, soll der Teufel noch diese Stunde einen solchen Pfeil ins Herz treiben, dass ich kaum bestehen bleibe. Denn er ist ein solcher Feind, der nimmer ablässt noch müde wird, dass, wo eine Anfechtung aufhört, gehen immer andere und neue auf. Darum ist kein Rat noch Trost denn hierher gelaufen, dass man das Vaterunser ergreife und von Herzen mit Gott rede: Lieber Vater, du hast mich heißen beten, lass mich nicht durch die Versuchung zurückfallen. So wirst du sehen, dass sie ablassen muss und sich endlich gewonnen geben. Sonst, wo du mit deinen Gedanken und eigenem Rat unterstehst dir zu helfen, wirst dus nur ärger machen und dem Teufel mehr Raum geben. Denn er hat einen Schlangenkopf, welcher, wo er eine Lücke gewinnt, darein er schlüpfen kann, so geht der ganze Leib hintennach unaufgehalten. Aber das Gebet kann ihm wehren und zurücktreiben.

DIE LETZTE BITTE

Sondern erlöse uns von dem Übel. Amen

Im Hebräischen lautet das Stücklein also: Erlöse oder behüte uns von dem Argen oder Boshaftigen. Und sieht eben aus, als rede er von dem Teufel, als wollte ers alles auf einen Haufen fassen, dass die ganze Summa alles Gebetes gehe wider diesen unsern Hauptfeind. Denn er ist der, so solches alles, was wir bitten, unter uns hindert: Gottes Namen oder Ehre, Gottes Reich und Willen, das tägliche Brot, fröhlich, gut Gewissen usw. Darum schlagen wir solches endlich zusammen und sagen: Lieber Vater, hilf doch, dass wir des Unglücks alles loswerden. Aber nichtsdestoweniger ist auch mit eingeschlossen, was uns Böses widerfahren mag unter des Teufels Reich: Armut, Schande, Tod und kürzlich aller unseliger Jammer und Herzleid, so auf Erden unzählig viel ist. Denn der Teufel, weil er nicht allein ein Lügner, sondern auch ein Totschläger ist ohne Unterlass auch nach unserm Leben trachtet und sein Mütlein kühlt, wo er uns zu Unfall und Schaden am Leib bringen kann. Daher kommts, dass er manchem den Hals bricht oder von Sinnen bringt, etliche im Wasser ersäuft und viele dahin treibt, dass sie sich selbst umbringen, und zu viel andern schrecklichen Fällen. Darum haben wir auf Erden nichts zu tun, denn ohne Unterlass wider diesen Hauptfeind zu bitten. Denn wo uns Gott nicht erhielte, wären wir keine Stunde vor ihm sicher.

Daher siehst du, wie Gott vor alles, was uns auch leiblich anficht, will gebeten sein, dass man nirgend Hülfe denn bei ihm suche und erwarte. Solches hat er aber zum letzten gestellt. Denn sollen wir von allem Übel behütet und loswerden, muss zuvor sein Name in uns geheiligt, sein Reich bei uns sein und sein Wille geschehen. Darnach will er uns endlich vor

Sünden und Schanden behüten, daneben von allem, was uns wehe tut und schädlich ist.

Also hat uns Gott aufs kürzeste vorgelegt alle Not, die uns immer anliegen mag, dass wir je keine Entschuldigung haben zu beten. Aber da liegt die Macht an, dass wir auch lernen AMEN dazu sagen, das ist nicht zweifeln, dass es gewisslich erhört sei und geschehen werde; denn es ist nicht anders denn eines ungezweifelten Glaubens Wort, der da nicht auf Abenteuer betet, sondern weiß, dass Gott nicht lügt, weil ers verheißen hat zu geben. Wo nun solcher Glaube nicht ist, da kann auch kein rechtes Gebet sein. Darum ists ein schädlicher Wahn derer, die also beten, dass sie nicht dürfen von Herzen ja dazu sagen und gewisslich schließen, dass Gott erhört, sondern bleiben in dem Zweifel und sagen: Wie sollte ich so kühn sein und rühmen, dass Gott mein Gebet erhöre? Bin ich doch ein armer Sünder usw.

Das macht, dass sie nicht auf Gottes Verheißung, sondern auf ihre Werke und eigene Würdigkeit sehen, damit sie Gott verachten und Lügen strafen, derhalben sie auch nichts empfangen, wie S. Jacobus sagt: Wer da betet, der bete im Glauben und zweifle nicht; denn wer da zweifelt, ist gleich wie eine Woge des Meeres, so vom Winde getrieben und gewebt wird. Solcher Mensch denke nur nicht, dass er etwas von Gott empfangen werde. Siehe, so viel ist Gott daran gelegen, dass wir gewiß sollen sein, dass wir nicht umsonst bitten und in keinem Wege unser Gebet verachten.

DER VIERTE TEIL

VON DER TAUFE

Wir haben nun ausgerichtet die drei Hauptstücke der Gemeinden christlichen Lehre. Über dieselbige ist noch zu sagen von unsern zwei Sakramenten, von Christo eingesetzt, davon auch ein jeglicher Christ zum wenigsten einen Gemeinden kurzen Unterricht haben soll, weil ohne dieselbigen kein Christ sein kann, wiewohl man leider bisher nichts davon gelehrt hat. Zum ersten aber nehmen wir von uns die Taufe, dadurch wir erstlich in die Christenheit genommen werden. Dass mans aber wohl fassen könne, wollen wirs ordentlich handeln und allein dabei bleiben, was uns nötig ist zu wissen. Denn wie mans erhalten und verfechten müsse wider die Ketzer und Rotten, wollen wir den Gelehrten befehlen.

Aufs erste muss man vor allen Dingen die Worte wohl wissen, darauf die Taufe gegründet ist und dahin alles geht, was davon zu sagen ist, nämlich da der Herr Christus spricht Matthäi am letzten: Geht hin in alle Welt, lehrt alle Heiden und tauft sie im Namen des Vaters und des Sohnes und des heiligen Geistes. Weiter Marci am letzten Kapitel: Wer da glaubt und getauft wird, der wird selig; wer aber nicht glaubt, der wird verdammt.

In diesen Worten sollst du zum ersten merken, dass hier steht Gottes Gebot und Einsetzung, dass man nicht zweifle, die Taufe sei ein göttlich Ding, nicht von Menschen erdacht noch erfunden. Denn sowohl als ich sagen kann, die zehn Gebote, Glauben und Vaterunser hat kein Mensch aus seinem Kopf gesponnen, sondern sind von Gott selbst offenbart und gegeben, so kann ich auch rühmen, dass die Taufe kein Menschentand sei sondern von Gott selbst eingesetzt, dazu ernstlich und streng geboten, dass wir uns müssen taufen lassen, oder sollen nicht selig werden. Dass man nicht denke, es sei so leichtfertiger Ding, als einen neuen roten Rock anziehen; denn da liegt die höchste Macht an, dass man die Taufe trefflich, herrlich und hoch halte. Denn darüber streiten und fechten wir allermeist, weil die Welt jetzt so voll Rotten ist, die da schreien, die Taufe sei ein äußerliches Ding; äußerliches Ding aber sei kein nütz. Aber lass äußerliches Ding sein, als es immer kann, da steht aber Gottes Wort und Gebot, so die Taufe einsetzt, gründet und bestätigt. Was aber Gott einsetzt und gebietet, muss nicht vergeblich, sondern eitel köstliches Ding sein, wenn es auch dem Ansehen nach geringer denn ein Strohhalm wäre. Hat man bisher können groß achten, wenn der Papst mit Briefen und Bullen Ablass austeilte, Altar oder Kirchen bestätigte, allein um der Briefe und Siegel willen, so sollen wir die Taufe viel höher und köstlicher halten, weil es Gott befohlen hat, dazu in seinem Namen geschieht; denn also lauten die Worte: Geht hin, tauft, - aber nicht in euerm, sondern in Gottes Namen.

Denn in Gottes Namen getauft werden, ist nicht von Menschen, sondern von Gott selbst getauft werden, darum ob es gleich durch des Menschen Hand geschieht, so ist es doch wahrhaftig Gottes eigenes Werk. Daraus ein jeglicher selbst wohl schließen kann, dass es viel höher ist denn kein Werk, von einem Menschen oder Heiligen getan. Denn was kann man für größere Werke machen denn Gottes Werk? Aber hier hat der Teufel zu schaffen, dass er uns mit falschem Schein blende und von Gottes Werk auf unser Werk führe. Denn das hat einen viel köstlichern Schein, dass ein Karthäuser viel schwere, große Werke tut, und halten alle mehr davon, das wir selbst tun und verdienen. Aber die Schrift lehrt also: Wenn man gleich aller Mönche Werke auf einen Haufen schlüge, wie köstlich sie gleißen mögen, so wären sie doch nicht so edel und gut, als wenn Gott einen Strohhalm aufhübe. Warum? Darum dass die Person edler und besser ist. Nun muss man hier nicht die Person nach den Werken, sondern die Werke nach der Person achten, von welcher sie ihren Adel nehmen müssen. Aber hier fällt die tolle Vernunft zu, und weil es nicht gleißt wie die Werke, so wir tun, so soll es nichts gelten.

Aus diesem lerne nun einen richtigen Verstand fassen und antworten auf die Frage, was die Taufe sei. Nämlich also, dass sie nicht bloß schlichtes Wasser ist, sondern ein Wasser in Gottes Wort und Gebot gefasst und dadurch geheiligt, das nicht anders ist denn ein Gottes-Wasser, nicht dass das Wasser an sich selbst edler sei denn anderes Wasser, sondern dass Gottes Wort und Gebot dazukommt. Darum ists ein Bubenstück und des Teufels Gespött, dass jetzt unsere neuen Geister, die Taufe zu lästern, Gottes Wort und Ordnung davon lassen und nicht anders ansehen denn das Wasser, das man aus dem Brunnen schöpft, und danach daher geifern: Was sollte eine Handvoll Wasser der Seele helfen? Ja, Lieber, wer weiß das nicht, wenn es voneinander Trennens soll gelten, dass Wasser Wasser ist? Wie darfst du aber so in Gottes Ordnung greifen und das beste Kleinod davon reißen, damit es Gott verbunden und eingefasst hat und nicht will getrennt haben? Denn das ist der Kern in dem Wasser: Gottes Wort oder Gebot und Gottes Namen, welcher Schatz größer und edler ist denn Himmel und Erde.

Also fasse nun den Unterschied, dass ein viel anderes Ding ist Taufe denn alle anderen Wasser; nicht des natürlichen Wesens halber, sondern dass hier etwas Edleres dazukommt; denn Gott selbst seine Ehre dabei einsetzt, seine Kraft und Macht daran legt. Darum ist es nicht allein ein natürliches Wasser, sondern ein göttliches, himmlisches, heiliges und seliges Wasser, und wie mans mehr loben kann, alles um des Wortes willen, welches ist ein himmlisches, heiliges Wort, das niemand genug preisen kann; denn es hat und vermag alles, was Gottes ist, daher hat es auch sein

Wesen, dass es ein Sakrament heißt; wie auch S. Augustinus gelehrt hat: accedat verbum ad elementum et fit Sacramentum, das ist, wenn das Wort zum Element oder natürlichen Wesen kommt, so wird ein Sakrament daraus, das ist ein heiliges, göttliches Ding und Zeichen.

Darum lehren wir allezeit, man solle die Sakramente und alle äußerlichen Dinge, so Gott ordnet und einsetzt, nicht ansehen nach der groben, äußerlichen Larve, wie man die Schalen von der Nuss sieht, sondern wie Gottes Wort darein geschlossen ist. Denn also reden wir auch vom Vater- und Mutterstand und weltlicher Obrigkeit; wenn man die will ansehen, wie sie Nasen, Augen, Haut und Haar, Fleisch und Bein haben, so sehen sie Türken und Heiden gleich, und möchte auch jemand zufahren und sprechen: Warum sollte ich mehr von diesen halten denn von andern? Weil aber das Gebot dazukommt: Du sollst Vater und Mutter ehren, so sehe ich einen andern Mann, geschmeckt und angezogen mit der Majestät und Herrlichkeit Gottes. Das Gebot (sage ich) ist die goldene Kette, so er am Hals trägt, ja die Krone auf seinem Haupt, die mir anzeigt, wie und warum man dies Fleisch und Blut ehren soll. Also und vielmehr sollst du die Taufe ehren und herrlich halten um des Wortes willen, als die er selbst beide, mit Worten und Werken, geehrt hat, dazu mit Wundern vom Himmel bestätigt. Denn meinst du, dass ein Scherz war, da sich Christus taufen ließ, der Himmel sich auftat, der heilige Geist sichtiglich herabfuhr und war eitel göttliche Herrlichkeit und Majestät? Derhalben vermahne ich abermals dass man beileibe die zwei, Wort und Wasser, nicht voneinander scheiden und trennen lasse. Denn wo man das Wort davon sondert, so ists nicht anderes Wasser, denn damit die Magd kocht, und mag wohl eine Badertaufe heißen, aber wenn es dabei ist, wie es Gott geordnet hat, so ists ein Sakrament und heißt Christi Taufe. Das sei das erste Stück von dem Wesen und Würde des heiligen Sakraments. Aufs andere, weil wir nun wissen, was die Taufe ist und wie sie zu halten sei, müssen wir auch lernen, warum und wozu sie eingesetzt sei, das ist, was sie nütze, gebe und schaffe. Solches kann man auch nicht besser denn aus den Worten Christi, oben angezogen, fassen, nämlich: Wer da glaubt und getauft wird, der wird selig. Darum fasse es aufs allereinfältigste also, dass dies der Taufe, Kraft, Werk, Nutz, Frucht und Ende ist, dass sie selig mache. Denn man tauft niemand darum, dass er ein Fürst werde; sondern wie die Worte lauten, dass er selig werde. Selig werden aber weiß man wohl, dass nichts anders heißt, denn von Sünden, Tod, Teufel erlöst in Christi Reich kommen und mit ihm ewig leben. Da siehst du abermals wie teuer und wert die Taufe zu halten sei, weil wir solchen unaussprechlichen Schatz darin erlangen; welches auch wohl anzeigt, dass nicht kann ein schlichtes reines Wasser sein, denn reines Wasser könnte solches nicht tun. Aber das Wort tuts und dass (wie oben gesagt) Gottes Namen darin ist. Wo aber Gottes Name ist, da muss auch Leben und Seligkeit sein, dass es wohl ein göttliches, seliges, fruchtbarliches und gnadenreiches Wasser heißt; denn durchs Wort kriegt sie die Kraft, dass sie ein Bad der Wiedergeburt ist, wie sie Paulus nennt an Tit 3,5.

Dass aber unsere Klüglinge, die neuen Geister, vorgeben, der Glaube mache allein selig, die Werke aber und äußerliches Ding tun nichts dazu, antworten wir, dass freilich nichts in uns tut denn der Glaube; wie wir noch weiter hören werden. Das wollen aber die Blindenleiter nicht sehen, dass der Glaube etwas haben muss, dass er glaube, das ist, daran er sich halt und darauf stehe und fuße. Also hängt nur der Glaube am Wasser und glaubt, dass die Taufe sei, darin eitel Seligkeit und Leben ist, nicht durchs Wasser, wie genug gesagt, sonder dadurch, dass es mit Gottes Wort und Ordnung verleiht ist und sein Name darin klebt. Wenn ich nun solches glaube was glaube ich anders denn an Gott, - als an den, der sein Wort darein gegeben und gepflanzt hat und uns dies äußerliche Ding vorschlägt, darin wir solchen Schatz ergreifen können?

Nun sind sie toll, dass sie voneinander scheiden den Glaube und das Ding, daran der Glaube haftet und gebunden ist, ob es gleich äußerlich ist; ja es soll und muss äußerlich sein, dass mans mit Sinnen fassen und begreifen und dadurch ins Herz bringen könne; wie denn das ganze Evangelium eine äußerliche, mündliche Predigt ist. Summa, was Gott in uns tut und wirkt, will er durch solche äußerliche Ordnung wirken. Wo er nun redet, ja wohin oder wodurch er redet, da soll der Glaube hinsehen und sich daran halten. Nun haben wir hier die Worte: Wer da glaubt und getauft wird, der wird selig. Worauf sind sie geredet anders denn auf die Taufe, das ist das Wasser in Gottes Ordnung gefaßt? Darum folgt, dass, wer die Taufe verwirft, der verwirft Gottes Wort, den Glauben und Christum, der uns dahin weist und an die Taufe bindet.

Aufs dritte, weil wir den großen Nutzen und Kraft der Taufe haben, so lass nun weiter sehen, wer die Person sei, die solches empfange, was die Taufe gibt und nützt. Das ist abermals aufs feinste und klärlichste ausgedrückt eben in den Worten: Wer da glaubt und getauft wird, der wird selig. Das ist, der Glaube macht die Person allein würdig, das heilsame, göttliche Wasser nützlich zu empfangen. Denn weil solches allhier in den Worten bei und mit dem Wasser vorgetragen und verheißen wird, kann es nicht anders empfangen werden, denn dass wir solches von Herzen glauben; ohne Glauben ist es nichts nütz, ob es gleich an sich selbst ein göttlicher, überschwänglicher Schatz ist. Darum vermag das einige Wort „wer da glaubt" so viel, dass es ausschließt und zurücktreibt alle Werke, die wir tun 'können der Meinung, als dadurch Seligkeit zu erlangen und verdienen. Denn es ist beschlossen:' Was nicht Glaube ist, das tut nichts dazu, empfängt auch nichts. Sprechen sie aber, wie sie pflegen: Ist doch die Tauf auch selbst ein Werk, so sagst du, die Werke gelten nicht zur Seligkeit, wo bleibt dann der Glaube? Antwort: ja, unser Werke tun freilich nichts zur Seligkeit, die Taufe aber ist nicht unser, sondern Gottes Werk (denn du wirst, wie gesagt, Christi Taufe gar weit müssen scheiden von der Badertaufe). Gottes Werke aber sind heilsam und not zur Seligkeit und schließen nichts aus, sondern fordern den Glauben, denn ohne Glauben könnte man sie nicht fassen. Denn damit, dass du lässt über dich gießen, hast du sie nicht empfange noch gehalten, dass sie dir etwas nütze, aber davon wird sie dir nütze, wenn du dich der Meinung lässt taufen als auf Gottes Befehl und Ordnung, dazu in Gottes Namen, auf dass du in dem Wasser die verheißene Seligkeit empfängst. Nun kann solches die Faust noch der Leib nicht tun, sondern das Herz muss es glauben.

Also siehst du klar, dass da kein Werk ist, von uns getan, sondern ein Schatz, den er uns gibt und der Glaube ergreift; so wohl als der Herr Christus am Kreuz nicht ein Werk ist, sondern ein Schatz, im Wort gefasst und uns vorgetragen und durch den Glauben empfangen. Darum tun sie uns Gewalt, dass sie wider uns schreien, als predigen wir wider den Glauben, so wir doch allein darauf treiben, als der so nötig dazu ist, dass ohne ihn nicht empfangen noch genossen werden mag.

Also haben wir die drei Stücke, so man von diesem Sakrament wissen muss, sonderlich dass Gottes Ordnung ist in allen Ehren zu halten; welches allein genug wäre, ob es gleich ganz ein äußerliches Ding ist. Wie das Gebot: du sollst Vater und Mutter ehren, allein auf ein leibliches Fleisch und Blut gestellt, da man nicht das Fleisch und Blut, sondern Gottes Gebot ansieht, darin es gefasst ist und um welches willen das Fleisch Vater und Mutter heißt. Also auch, wenn wir gleich nicht mehr hätten denn diese Worte: geht hin und tauft usw., müssten wirs dennoch als Gottes Ordnung annehmen und tun. Nun ist nicht allein das Gebot und Befehl da, sondern auch die Verheißung; darum ist es noch viel herrlicher, denn was Gott sonst geboten und geordnet hat; Summa, so voll Trostes und Gnade, dass Himmel und Erde nicht kann begreifen. Aber da gehört Kunst zu, dass man solches glaube, denn es mangelt nicht am Schatz, aber da mangelts an, dass man ihn fasse und festhalte.

Darum hat ein jeglicher Christ sein Leben lang genug zu lernen und zu üben an der Taufe, denn er hat immerdar zu schaffen, dass er festiglich glaube, was sie zusagt und bringt: Überwindung des Teufels und Todes, Vergebung der Sünde, Gottes Gnade, den ganzen Christum und heiligen Geist mit seinen Gaben; Summa, es ist so überschwänglich, dass, wenns die blöde Natur bedenkt, sollte sie zweifeln, ob es könnte wahr sein. Denn rechne du, wenn irgendein Arzt wäre, der die Kunst könnte, dass die Leute nicht stürben, oder ob sie gleich stürben, darnach ewig lebten, wie würde die Welt mit Geld zuschneien und regnen, dass vor den Reichen niemand könnte zukommen? Nun wird hier in der Taufe jedermann umsonst vor die Tür gebracht ein solcher Schatz und Arznei, die den Tod verschlingt und alle Menschen beim Leben erhält.

Also muss man die Taufe ansehen und uns nütze machen, dass wir uns des stärken und trösten, wenn uns unsere Sünde oder Gewissen beschwert, und sagen: Ich bin dennoch getauft; bin ich aber getauft, so ist mir zugesagt, ich solle selig sein und das ewige Leben haben, - beide, an Seel und Leib. Denn darum geschieht solches beides in der Taufe, dass der Leib begossen wird, welcher nicht mehr fassen kann denn das Wasser, und dazu das Wort gesprochen wird, dass die Seele auch könne fassen. Weil nun beide, Wasser und Wort, eine Taufe ist, so muss auch beide, Leib und Seele, selig werden und ewig leben. Die Seele durchs Wort, daran sie glaubt, der Leib aber, weil er mit der Seele vereinigt ist und die Taufe auch ergreift, wie ers ergreifen kann. Darum haben wir an unserm Leibe und Seele kein größeres Kleinod; denn dadurch werden wir gar heilig und selig, welches sonst kein Leben, kein Werk auf Erden erlangen kann. Das sei nun genug gesagt von dem Wesen, Nutz und Brauch der Taufe, soviel hierher dient.

Hierbei fällt nun eine Frage ein damit der Teufel durch seine Rotten die Welt verwirrt, von der Kindertaufe: ob sie auch glauben oder recht getauft werden? Dazu sagen wir kürzlich: Wer einfältig ist, der schlage die Frage von sich und weise sie zu den Gelehrten, willst du aber antworten, so antworte also: Dass die Kindertaufe Christo gefalle, beweist sich genugsam aus seinem eigenen Werk, nämlich dass Gott derer viele heilig macht und den heiligen Geist gegeben hat, die also getauft sind, und heutigen Tages noch viele sind, an denen man spürt, dass sie den heiligen Geist haben, beide, der Lehre und des Lebens halber; als uns von Gottes Gnaden auch gegeben ist, dass wir ja können die Schrift auslegen und Christum anerkennen, welches ohne den heiligen Geist nicht geschehen kann. Wo aber Gott die Kindertaufe nicht annähme, würde er derer keinem den heiligen Geist noch ein Stück davon geben; Summa, es müßte so lange Zeit her bis auf diesen Tag kein Mensch auf Erden Christ sein. Weil nun Gott die Taufe bestätigt durch Eingeben seines heiligen Geistes, als man in etlichen Vätern als S. Bernhard, Gerson, Johann Hus und andern wohl spürt, und die heilige christliche Kirche nicht untergeht bis ans Ende der Welt, so müssen sie bekennen, dass sie Gott gefällig sei, denn er kann je nicht wider sich selbst sein oder der Lügen und Büberei helfen noch seine Gnade und Geist dazu geben. Dies ist fast die beste und stärkste Beweisung für die Einfältigen und Ungelehrten; denn man wird uns diesen Artikel: Ich glaube eine heilige christliche Kirche, die Gemeinde der Heiligen usw. nicht nehmen noch umstoßen.

Darnach sagen wir weiter, dass uns nicht die größte Macht daran liegt, ob, der da getauft wird, glaube oder nicht glaube; denn darum wird die Taufe nicht unrecht, sondern an Gottes Wort und Gebot liegt es alles. Das ist nun wohl ein wenig scharf, steht aber ganz darauf, das ich gesagt habe, dass die Taufe nichts anders ist denn Wasser und Gottes Wort bei und mit einander; das ist, wenn das Wort bei dem Wasser ist, so ist die Taufe recht, ob schon der Glaube nicht dazu kommt; denn mein Glaube macht nicht die Taufe, sondern empfängt die Taufe. Nun wird die Taufe davon nicht unrecht, ob sie gleich nicht recht empfangen oder gebraucht wird, als die (wie gesagt) nicht an unsern Glauben, sondern an das Wort gebunden ist. Denn wenn gleich diesen Tag ein Jude mit Schalkheit und bösem Vorsatz herzukäme und wir ihn mit ganzem Ernst tauften, sollen wir nichtsdestoweniger sagen, dass die Taufe recht wäre; denn da ist das Wasser samt Gottes Wort, ob er sie gleich nicht empfängt, wie er soll; gleich als die unwürdig zum Sakrament gehen, das rechte Sakrament empfangen, ob sie gleich nicht glauben.

Also siehst du, dass der Rottengeister Einrede nichts taugt. Denn wie gesagt, wenn gleich die Kinder nicht glaubten, welches doch nicht ist (als jetzt bewiesen), so wäre doch die Taufe recht, und soll sie niemand wiedertaufen; gleich als dem Sakrament nichts abgebrochen wird, ob jemand mit bösem Vorsatz hinzuginge, und nicht zu leiden wäre, dass er um des Missbrauchs willen auf dieselbe Stunde abermal nähme, als hätte er zuvor nicht wahrhaftig das Sakrament empfangen. Denn das hieße das Sakrament aufs höchste gelästert und geschändet. Wie kämen wir dazu, dass Gottes Wort und Ordnung darum sollte unrecht sein und nichts gelten, dass wirs unrecht brauchen? Darum sage ich, hast du nicht geglaubt, so glaube noch und sprich also: Die Taufe ist wohl recht gewesen, ich habe sie aber leider nicht recht empfangen; denn auch ich selbst und alle, so sich taufen lassen, müssen vor Gott also sprechen: Ich komme her in meinem Glauben und auch der andern; dennoch kann ich nicht darauf bauen, dass ich glaube und viel Leute für mich bitten, sondern darauf baue ich, dass es dein Wort und Befehl ist; gleichwie ich zum Sakrament gehe nicht auf meinen Glauben, sondern auf Christi Wort. Ich sei stark oder schwach, das lasse ich Gott walten; das weiß ich aber, dass er mich heißt hingehen, essen und trinken usw. und mir seinen Leib und Blut schenkt, das wird mir nicht lügen noch trügen.

Also tun wir nun auch mit der Kindertaufe. Das Kind tragen wir herzu der Meinung und Hoffnung, dass es glaube, und bitten, dass ihm Gott den Glauben gebe; aber darauf taufen wirs nicht, sondern allein darauf, dass Gott befohlen hat. Warum das? Darum dass wir wissen, dass Gott nicht lügt. Ich und mein Nächster und Summa alle Menschen mögen fehlen und trügen, aber Gottes Wort kann nicht fehlen. Darum sind es je vermessene, tölpische Geister, die also folgern und schließen: Wo der Glaube nicht ist, da müsse auch die Taufe nicht recht sein; gerade als wollte ich schließen: Wenn ich nicht glaube, so ist Christus nichts; oder also: Wenn ich nicht gehorsam bin, so ist Vater, Mutter und Obrigkeit nichts. Ist das wohl geschlossen, wo jemand nicht tut, was er tun soll, dass darum das Ding an sich selbst nichts sein noch gelten soll? Lieber, kehre es um und schließe vielmehr also: Eben darum ist die Taufe etwas und recht, dass mans unrecht empfangen hat. Denn wo sie an sich selbst nicht recht wäre, könnte man nicht missbrauchen noch daran sündigen.

Es heißt also: abusus non tollit sed confirmat substantiam, Missbrauch nimmt nicht hinweg das Wesen, sondern bestätigts. Denn Gold bleibt nichts weniger Gold, ob es gleich eine Bübin mit Sünden und Schanden trägt.

Darum sei beschlossen, dass die Taufe allezeit recht und in vollem Wesen bleibt, wenngleich nur ein Mensch getauft würde und dazu nicht rechtschaffen glaubte; denn Gottes Ordnung und Wort lässt sich nicht von Menschen wandelbar machen noch ändern. Sie aber, die Schwärmergeister, sind so verblendet, dass sie Gottes Wort und Gebot nicht sehen und die Taufe und Obrigkeit nicht weiter ansehen denn als Wasser im Bach und Töpfen oder als einen andern Menschen, und weil sie keinen Glauben noch Gehorsam sehen, soll es an sich selbst auch nichts gelten. Da ist ein heimlicher, aufrührerischer Teufel, der gern die Krone von der Obrigkeit reißen wollte dass man sie darnach mit Füßen trete, dazu alle Gottes Werke und Ordnungen uns verkehren und zunichte machen. Darum müssen wir wacker und getröstet sein und uns von dem Worte nicht lassen weisen noch wenden, dass wir die Taufe nicht lassen ein bloß lediges Zeichen sein, wie die Schwärmer träumen.

Aufs Letzte ist auch zu wissen, was die Taufe bedeutet und warum Gott eben solches äußerliches Zeichen und Gebärde ordnet, zu dem Sakrament, dadurch wir erstlich in die Christenheit genommen werden. Das Werk aber oder Gebärde ist das, dass man uns ins Wasser senkt, das über uns hergeht, und darnach wieder herauszieht. Diese zwei Stücke, unter das Wasser sinken und wieder herauskommen, deuten die Kraft und Werk der Taufe, welches nichts anders ist denn die Tötung des alten Adams, darnach die Auferstehung des neuen Menschen, welche beide unser Leben lang in uns gehen sollen, also dass ein christlich Leben nichts anders ist denn eine tägliche Taufe, einmal angefangen und immer darin gegangen. Denn es muss ohne Unterlass also getan sein, dass man immer ausfege, was des alten Adams ist, und hervorkomme, was zum neuen gehört. Was ist denn der alte Mensch? Das ist er, so uns angeboren ist von Adam: zornig, hässig, neidisch, unkeusch, geizig, faul, hoffärtig, ja ungläubig, mit allen Lastern besetzt und von Art kein Gutes an sich hat. Wenn wir nun in Christi Reich kommen, soll solches täglich abnehmen, dass wir je länger je milder, geduldiger, sanftmütiger werden, dem Unglauben, Geiz, Hass, Neid, Hoffart je mehr abbrechen.

Das ist der rechte Brauch der Taufe unter den Christen, durch das Wassertaufen bedeutet. Wo nun solches nicht geht, sondern dem alten Menschen der Zaum gelassen wird, dass er nur stärker wird, das heißt nicht der Taufe gebraucht, sondern wider die Taufe gestrebt. Denn die außer Christo sind, können nichts anders tun denn täglich ärger werden, wie auch das Sprichwort lautet und die Wahrheit ist: immer je ärger, je länger, je böser. Ist einer vorm Jahre stolz und geizig gewesen, so ist er heuer viel geiziger und stolzer, also dass die Untugend von Jugend auf mit ihm wächst und fortfährt. Ein junges Kind hat keine sonderliche Untugend an sich; wo es aber erwächst, so wird es unzüchtig und unkeusch; kommt es zu seinem vollen Mannesalter, so gehen die rechten Laster an, je länger, je mehr. Darum geht der alte Mensch in seiner Natur unaufgehalten Wo man nicht durch der Taufe Kraft wehrt und dämpft; wiederum, wo Christen sind geworden, nimmt er täglich ab, so lange bis er gar untergeht. Das heißt recht in die Taufe gekrochen und täglich wieder hervorgekommen. Also ist das äußerliche Zeichen gestellt nicht allein, dass es solle kräftiglich wirken, sondern auch etwas deuten. Wo nun der Glaube geht mit seinen Früchten, da ists nicht eine lose Deutung, sondern das Werk dabei; wo aber der Glaube nicht ist, da bleibt es ein bloß unfruchtbares Zeichen.

Und hier siehst du, dass die Taufe, beide, mit ihrer Kraft und Deutung, begreift auch das dritte Sakrament, welches man genannt hat die Buße, als die eigentlich nicht anders ist denn die Taufe. Denn was heißt Buße anders denn den alten Menschen mit Ernst angreifen und in ein neues Leben treten? Darum wenn du in der Buße lebst, so gehst du in der Taufe, welche solches neues Leben nicht allein deutet, sondern auch wirkt, anhebt und treibt. Denn darin wird gegeben Gnade, Geist und Kraft, den alten Menschen zu unterdrücken, dass der neue hervorkomme und stark werde. Darum bleibt die Taufe immerdar stehen; und obgleich jemand davon fällt und sündigt, haben wir doch immer einen Zugang dazu, dass man den alten Menschen wieder unter sich werfe. Aber mit Wasser darf man uns nicht mehr begießen; denn ob man sich gleich hundertmal ließe ins Wasser senken, so ists doch nicht mehr denn eine Taufe, das Werk aber und Deutung geht und bleibt. Also ist die Buße nicht anders denn ein Wiedergang und Zutreten zur Taufe, dass man das wiederholt und treibt, so man zuvor angefangen und doch davon gelassen hat.

Das sage ich darum, dass man nicht in die Meinung komme, darin wir lange Zeit gewesen sind und gewähnt haben, die Taufe wäre nun hin, dass man ihrer nicht mehr brauchen könnte, nachdem wir wieder in Sünde gefallen sind. Das macht, dass mans nicht weiter ansieht denn nach dem Werk, so einmal geschehen ist. Und ist zwar daher gekommen, dass S. Hieronymus geschrieben hat, die Buße sei die andere Tafel, damit wir müssen ausschwimmen und überkommen, nachdem das Schiff gebrochen ist, darein wir treten und überfahren, wenn wir in die Christenheit kommen. Damit ist nun der Brauch der Taufe weggenommen, dass sie uns nicht mehr nützen kann. Darum ists nicht recht geredet; denn das Schiff zerbricht nicht, weil es (wie gesagt) Gottes Ordnung und nicht unser Ding ist; aber das geschieht wohl, dass wir gleiten und herausfallen. Fällt aber jemand heraus, der sehe, dass er wieder hinzu- schwimme und sich daran halte, bis er wieder hineinkomme und darin gehe, wie vorhin angefangen.

Also sieht man, wie ein hoch treffliches Ding es ist um die Taufe, so uns dem Teufel aus dem Hals reißt, Gott zu eigen macht, die Sünden dämpft und wegnimmt, darnach täglich den neuen Menschen stärkt und immer geht und bleibt, bis wir aus diesem Elend zur ewigen Herrlichkeit kommen. Darum soll ein jeglicher die Taufe halten als sein tägliches Kleid, darin er immerdar gehen soll, dass er sich allezeit in dem Glauben und seinen Früchten finden lasse, dass er den alten Menschen dämpfe und im neuen erwachse. Denn wollen wir Christen sein, so müssen wir das Werk treiben, davon wir Christen sind. Fällt aber jemand davon, so komme er wieder hinzu. Denn wie Christus, der Gnadenstuhl, darum nicht weicht noch uns wehrt, wieder zu ihm zu kommen, ob wir gleich sündigen, also bleibt auch alle sein Schatz und Gabe. Wie nun einmal in der Taufe Vergebung der Sünden überkommen ist, so bleibt sie doch täglich, solange wir leben, das ist den alten Menschen am Hals tragen.

VON DEM SAKRAMENT DES ALTARS

Wie wir von der heiligen Taufe gehört haben, müssen wir von dem andern Sakrament auch reden, nämlich die drei Stücke: was es sei, was es nütze, und wer es empfangen soll. Und solches alles aus den Worten gegründet, dadurch es von Christo eingesetzt ist, welche auch ein jeglicher wissen soll, der ein Christ will sein und zum Sakrament gehen. Denn wir sinds nicht gesinnt, dazu zu lassen und zu reichen denen, die nicht wissen, was sie da suchen oder warum sie kommen. Die Worte aber sind diese:

Unser HERR Jesus Christus, in der Nacht, da er verraten ward, nahm er das Brot, dankte und brachs und gabs seinen Jüngern und sprach: Nehmet hin, esset, das ist mein Leib, der für euch gegeben wird. Solches tut zu meinem Gedächtnis. Desselbengleichen nahm er auch den Kelch nach dem Abendmahl, dankte und gab ihnen den und sprach: Nehmet hin und trinket alle daraus, dieser Kelch ist das neue Testament in einem Blut, das für euch vergossen wird zur Vergebung der Sünde. Solches tut, so oft ihr trinkt, zu meinem Gedächtnis.

Hier wollen wir uns auch nicht in die Haare legen und fechten mit den Lästerern und Schändern dieses Sakraments, sondern zum ersten lernen, da die Macht anliegt (wie auch von der Taufe), nämlich dass das vornehmste Stück sei Gottes Wort und Ordnung oder Befehl. Denn es ist von keinem Menschen erdacht noch aufgebracht, sondern ohne jemandes Rat und Bedacht von Christo eingesetzt. Derhalben wie die zehn Gebote, Vaterunser und Glaube bleiben in ihrem Wesen und Würden, ob du sie gleich nimmermehr hältst, betest noch glaubst, also bleibt auch dies hochwürdige Sakrament unverrückt, dass ihm nichts abgebrochen noch genommen wird, ob wirs gleich unwürdig brauchen und handeln. Was meinst du, dass Gott nach unserm Tun oder Glauben fragt, dass er um deswillen sollte seine Ordnung wandeln lassen? Bleibt doch in allen weltlichen Dingen alles, wie es Gott geschaffen und geordnet hat, Gott gebe wie wirs brauchen und handeln. Solches muss man immerdar treiben, denn damit kann man fast aller Rottengeister Geschwätz zurückstoßen, denn sie sehen die Sakramente außer Gottes Wort an als ein Ding, das wir tun.

Was ist nun das Sakrament des Altars? Antwort: Es ist der wahre Leib und Blut des HERRN Christi, in und unter dem Brot und Wein durch Christus Wort uns Christen befohlen zu essen und zu trinken. Und wie von der Taufe gesagt, dass es nicht schlechtes Wasser ist, so sagen wir hier auch: Das Sakrament ist Brot und Wein, aber nicht schlechtes Brot noch Wein, so man sonst zu Tische trägt, sondern Brot und Wein in Gottes Wort gefaßt und daran gebunden.

Das Wort, sage ich, ist das, das dies Sakrament macht und unterscheidet, dass es nicht lauter Brot und Wein, sondern Christus Leib und Blut ist und heißt; denn es heißet: accedat verbum ad elementum et fit sacramentum, wenn das Wort zum äußerlichen Dinge kommt, so wirds ein Sakrament. Dieser Spruch S. Augustins ist so eigentlich und wohl geredet, dass er kaum einen besseren gesagt hat. Das Wort muss das Element zum Sakrament machen, wo nicht, so bleibts ein reines Element. Nun ists nicht eines Fürsten oder Kaisers, sondern der hohen Majestät Wort und Ordnung, davor alle Kreaturen sollen zu Füßen fallen und ja sprechen, dass es sei, wie er sagt, und mit allen Ehren, Furcht und Demut annehmen. Aus dem Worte kannst du dein Gewissen stärken und sprechen: Wenn hunderttausend Teufel samt allen Schwärmern herfahren: wie kann Brot und Wein Christus Leib und Blut sein? so weiß ich, dass alle Geister und Gelehrten auf einen Haufen nicht so klug sind als die göttliche Majestät im kleinsten Fingerlein. Nun steht hier Christus Wort: Nehmet, esset, das ist mein Leib; trinket alle daraus, das ist das neue Testament in meinem Blut, usw. Da bleiben wir bei und wollen sie ansehen, die ihn meistern werden und anders machen, denn ers geredet hat. Das ist wohl wahr, wenn du das Wort davon tust oder ohne Wort ansiehst, so hast du nichts denn reines Brot und Wein. Wenn sie aber dabei bleiben, wie sie wollen und müssen, so ists laut derselbigen wahrhaftig Christi Leib und Blut. Denn wie Christi Mund redet und spricht, also ist es, - als der nicht lügen noch trügen kann.

Daher ist nun leicht zu antworten auf allerlei Frage, damit man sich jetzt bekümmert, als diese ist, ob auch ein böser Priester könnte das Sakrament handeln und geben, und was dergleichen mehr ist. Denn da schließen wir und sagen: Ob gleich ein Bube das Sakrament nimmt oder gibt, so nimmt er das rechte Sakrament, das ist Christi Leib und Blut, eben sowohl als der es aufs allerwürdigste handelt. Denn es ist nicht gegründet auf Menschen

Heiligkeit, sondern auf Gottes Wort. Und wie kein Heiliger auf Erden, ja kein Engel im Himmel, das Brot und Wein zu Christi Leib und Blut machen kann, also kanns auch niemand ändern noch wandeln, ob es gleich missbraucht wird. Denn um der Person oder Unglaubens willen wird das Wort nicht falsch, dadurch es ein Sakrament geworden und eingesetzt ist. Denn er spricht nicht: Wenn ihr glaubt oder würdig seid, so habt ihr meinen Leib und Blut, sondern: Nehmet, esset und trinket, das ist mein Leib und Blut; weiter: Solches tut (nämlich das ich jetzt tue, einsetze, euch gebe und nehmen heiße). Das ist soviel gesagt: Gott gebe du seist unwürdig oder würdig, so hast du hier seinen Leib und Blut aus Kraft dieser Worte, so zu dem Brot und Wein kommen. Solches merke und behalte nur wohl; denn auf den Worten steht alle unser Grund, Schutz und Wehre wider alle Irrtümer und Verführung, so je gekommen sind oder noch kommen mögen.

Also haben wir kürzlich das erste Stück, so das Wesen dieses Sakraments belangt. Nun sieht weiter auch die Kraft und Nutzen, darum endlich das Sakrament eingesetzt ist, welches auch das Nötigste darin ist, dass man wisse was wir da suchen und holen sollen. Das ist nun klar und leicht, ehe aus den gedachten Worten: Das ist mein Leib und Blut, FÜR EUCH GEGEBEN und vergossen zur Vergebung der Sünde. Das ist kürzlich soviel gesagt: Darum gehen wir zum Sakrament, dass wir da empfangen solchen Schatz, durch und in dem wir Vergebung der Sünde überkommen. Warum das? Darum dass die Worte dastehen und uns solches geben. Denn darum heißt er mich essen und trinken, dass es mein sei und mir nütze, als ein gewisses Pfand und Zeichen, ja eben dasselbige Gut, so für mich gesetzt ist wider meine Sünde, Tod und alles Unglück.

Darum heißt es wohl eine Speise der Seele, die den neuen Menschen nährt und stärkt. Denn durch die Taufe werden wir erstlich neugeboren; aber daneben, wie gesagt ist, bleibt gleichwohl die alte Haut im Fleisch und Blut am Menschen, da ist so viel Hindernis und Anfechtung vom Teufel und der Welt, dass wir oft müde und matt werden und zuweilen auch straucheln. Darum ist es gegeben zur täglichen Weide und Fütterung, dass sich der Glaube erhole und stärke, dass er in solchem Kampf nicht zurückfalle, sondern immer je stärker und stärker werde. Denn das neue Leben soll also getan sein, dass es stets zunehme und fortfahre. Es muss aber dagegen viel leiden. Denn so ein zorniger Feind ist der Teufel: Wo er sieht, dass man sich wider ihn legt und den alten Menschen angreift und uns nicht mit Macht überpoltern kann, da schleicht und streicht er auf allen Seiten umher, versucht alle Künste und lässt nicht ab, bis er uns zuletzt müde mache, dass man entweder den Glauben lässt fallen oder Hände und Füße gehen und wird unlustig oder ungeduldig. Dazu ist nun der Trost gegeben: wenn das Herz solches fühlt, dass ihm will zu schwer werden, dass es hier neue Kraft und Labsal hole.

Hier verdrehen sich aber unsere klugen Geister mit ihrer großen Kunst und Klugheit, die schreien und poltern: Wie kann Brot und Wein die Sünde vergeben oder den Glauben stärken? So sie doch hören und wissen, dass wir solches nicht von Brot und Wein sagen, als an sich selbst Brot Brot ist, sondern von solchem Brot und Wein, das Christus Leib und Blut ist und die Worte bei sich hat. Dasselbige, sagen wir, ist je der Schatz und kein anderer, dadurch solche Vergebung erworben ist. Nun wird es uns ja nicht anders denn in den Worten „für euch gegeben und vergossen" gebracht und zugeeignet. Denn darin hast du beides, dass es Christus Leib und Blut ist und dass es dein ist als ein Schatz und Geschenk. Nun kann je Christi Leib nicht ein unfruchtbares vergebliches Ding sein, das nichts schaffe noch nütze. Doch wie groß der Schatz für sich selbst ist, so muss er in das Wort gefasst und uns gereicht werden, sonst würden wirs nicht können wissen noch suchen.

Darum ists auch nichts geredet, dass sie sagen: Christi Leib und Blut ist nicht im Abendmahl für uns gegeben noch vergossen, darum könnte man im Sakrament nicht Vergebung der Sünde haben. Denn obgleich das Werk am Kreuz geschehen und die Vergebung der Sünde erworben ist, so kann sie doch nicht anders denn durchs Wort zu uns kommen. Denn was wüssten wir sonst davon, dass solches geschehen wäre oder uns geschenkt sein sollte, wenn mans nicht durch die Predigt oder mündliches Wort vortrüge? Woher wissen sie es oder wie können sie die Vergebung ergreifen und zu sich bringen, wo sie sich nicht halten und glauben an die Schrift und das Evangelium? Nun ist je das ganze Evangelium und der Artikel des Glaubens: ich glaube eine heilige christliche Kirche, Vergebung der Sünde usw. durch das Wort in dies Sakrament gesteckt und uns vorgelegt. Warum sollten wir denn solchen Schatz aus dem Sakrament lassen reißen, so sie doch bekennen müssen, dass es eben die Worte sind, die wir allenthalben im Evangelio hören, und ja sowenig sagen können, diese Worte im Sakrament seien kein nutz, sowenig sie sprechen dürfen, dass das ganze Evangelium oder Wort Gottes außer dem Sakrament kein nütze sei.

Also haben wir nun das ganze Sakrament, beide, was es an sich selbst ist und was es bringt und nützt. Nun muss man auch sehen, wer die Person sei, die solche Kraft und Nutz empfange. Das ist aufs kürzeste, wie droben von der Taufe und sonst oft gesagt ist: Wer da solches glaubt, wie die Worte lauten und was sie bringen. Denn sie sind nicht Stein noch Holz gesagt oder verkündigt, sondern denen, die sie hören, zu welchen er spricht: Nehmet und esset usw. Und weil er Vergebung der Sünde anbietet und verheißt, kann es nicht anders denn durch den Glauben empfangen werden. Solchen Glauben fordert er selbst in dem Worte, als er spricht: Für euch gegeben und vergossen. Als sollte er sagen: Darum gebe ichs und heiße euch essen und trinken, dass ihr euchs sollt annehmen und genießen. Wer nun sich solches lässt gesagt sein und glaubt, dass wahr sei, der hat es; wer aber nicht glaubt, der hat nichts, als ders sich lässt umsonst vortragen und nicht will solches heilsamen Gutes genießen. Der Schatz ist wohl aufgetan und jedermann vor die Tür, ja auf den Tisch gelegt; es gehört aber dazu, dass du dich auch seiner annehmest und gewisslich dafür hältst, wie dir die Worte geben.

Das ist nun die ganze christliche Bereitung, dies Sakrament würdig zu empfangen; denn weil solcher Schatz gar in den Worten vorgelegt wird, kann mans nicht anders ergreifen und zu sich nehmen denn mit dem Herzen; denn mit der Faust wird man solches Geschenk und ewigen Schatz nicht fassen. Fasten und beten usw. mag wohl eine äußerliche Bereitung und Kinderübung sein, dass sich der Leib züchtig und ehrerbietig gegen den Leib und Blut Christi hält und gebärdet; aber das darin und damit gegeben wird, kann nicht der Leib fassen noch zu sich bringen. Der Glaube aber tuts des Herzens, so da solchen Schatz erkennt und seiner begehrt.

Das sei genug, soviel zum Gemeinden Unterricht not ist von diesem Sakrament; denn was weiter davon zu sagen ist, gehört auf eine andere Zeit.

Am Ende, weil wir nun den rechten Verstand und die Lehre von dem Sakrament haben, ist wohl not auch eine Vermahnung und Reizung, dass man nicht lasse solchen großen Schatz, so man täglich unter den Christen handelt und austeilt, umsonst vorübergehen, das ist, dass, die Christen wollen sein, sich dazu schicken, das hochwürdige Sakrament oft zu empfangen. Denn wir sehen, dass man sich eben lass und faul dazu stellt und ein großer Haufe ist derer, die das Evangelium hören, welche, weil des Papstes Tand ist abgekommen, dass wir befreit sind von seinem Zwang und Gebot, gehen sie wohl dahin, - ein Jahr, zwei oder drei und länger ohne Sakrament, als seien sie so starke Christen, die seiner nicht bedürfen, und lassen sich etliche hindern und davon schrecken, dass wir gelehrt haben, es solle niemand dazu gehen, ohne die Hunger und Durst fühlen, so sie treibt. Etliche wenden vor, es sei frei und nicht vonnöten, und sei genug, dass sie sonst glauben; und kommen also das mehrere Teil dahin, dass sie gar roh werden und zuletzt beide, das Sakrament und Gottes Wort, verachten.

Nun ists wahr, was wir gesagt haben, man soll beileibe niemand treiben noch zwingen, auf dass man nicht wieder eine neue Seelmörderei anrichte. Aber das soll man dennoch wissen, dass solche Leute für keine Christen zu halten sind, die sich so lange Zeit des Sakraments äußern und entziehen; denn Christus hat es nicht darum eingesetzt, dass mans für ein Schauspiel handle, sondern seinen Christen geboten, dass sie es essen und trinken und seiner darüber gedenken. Und zwar, welche rechte Christen sind und das Sakrament teuer und wert halten, sollen sich wohl selbst treiben und hinzudrängen. Doch dass die Einfältigen und Schwachen, die da auch gerne Christen wären, desto mehr gereizt werden, die Ursache und Not zu bedenken, so sie treiben sollen, wollen wir ein wenig davon reden. Denn wie es in andern Sachen, so den Glauben, Liebe und Geduld betrifft, ist nicht genug allein lehren und unterrichten, sondern auch täglich vermahnen, also ist es auch hier not mit Predigen anhalten, dass man nicht lass noch verdrossen werde, weil wir wissen und fühlen, wie der Teufel sich immer wider solches und alles christliche Wesen sperrt und, soviel er kann, davon hetzt und treibt.

Und zum ersten haben wir den hellen Text in den Worten Christi: DAS TUT zu meinem Gedächtnis. Das sind Worte, die uns heißen und befehlen, dadurch denen, so Christen wollen sein, aufgelegt ist, das Sakrament zu genießen. Darum wer Christi Jünger will sein, mit denen er hier redet, der denke und halte sich auch dazu, nicht aus Zwang, als von Menschen gedrungen, sondern dem Herrn Christo zu Gehorsam und Gefallen. Sprichst du aber: steht doch dabei: „so oft ihrs tut"; da zwingt er ja niemand, sondern lässts in freier Willkür. Antwort: Ist wahr; es steht aber nicht, dass mans nimmermehr tun solle, ja weil er eben die Worte spricht: „so oft als ihrs tut", ist dennoch mit eingebunden, dass mans oft tun soll, und ist darum hinzugesetzt, dass er will das Sakrament frei haben ungebunden an sonderliche Zeit, wie der Juden Osterlamm, welches sie alle Jahre nur einmal und eben auf den vierzehnten Tag des ersten vollen Mondes des Abends mussten essen und keinen Tag überschreiten. Als ob er damit sagen wollte: Ich setze euch ein Osterfest oder Abendmahl, das ihr nicht eben diesen Abend des Jahres einmal, sondern oft sollt genießen, wann und wo ihr wollt, nach eines jeglichen Gelegenheit und Notdurft, an keinem Ort oder bestimmte Zeit angebunden; wiewohl der Papst hernach solches umgekehrt und wieder ein Judenfest daraus gemacht hat.

Also siehst du, dass nicht also Freiheit gelassen ist, als möge mans verachten. Denn das heiße ich verachten, wenn man so lange Zeit hingeht und sonst kein Hindernis hat und doch seiner nimmer begehrt. Willst du solche Freiheit haben, so habe eben so mehr Freiheit, dass du kein Christ seiest und nicht glauben noch beten dürfest; denn das ist ebenso wohl Christi Gebot als jenes. Willst du aber ein Christ sein, so musst du je zuweilen diesem Gebot genug tun und gehorchen; denn solches Gebot sollte dich je bewegen, in dich selbst zu schlagen und zu denken: Siehe, was bin ich für ein Christ? Wäre ichs, so würde ich mich je ein wenig sehnen nach dem, das mein Herr befohlen hat zu tun.

Und zwar, weil wir uns so fremd dazu stellen, spürt man wohl, was wir für Christen in dem Papsttum gewesen sind, als die aus lauter Zwang und Furcht menschlichen Gebotes sind hingegangen, ohne Lust und Liebe und Christi Gebot nie angesehen. Wir aber zwingen noch dringen niemand, darfs auch niemand zu Dienst oder Gefallen tun. Das soll dich aber reizen und selbst zwingen, dass ers haben will und ihm gefällt. Von Menschen soll man sich weder zum Glauben noch irgendeinem guten Werk nötigen lassen. Wir tun nicht mehr, denn dass wir sagen und vermahnen, was du tun sollst, - nicht um unsert-, sondern um deinetwillen. Er lockt und reizt dich;

willst du solches verachten, so antworte selbst dafür. Das soll nun das erste sein, sonderlich für die Kalten und Nachlässigen, dass sie sich selbst bedenken und erwecken. Denn das ist gewißlich wahr, als ich wohl bei mir selbst erfahren habe und ein jeglicher bei sich finden wird, wenn man sich also davon zieht, dass man von Tag zu Tage je mehr roh und kalt wird und gar in Wind schlägt; sonst muss man sich je mit dem Herzen und Gewissen befragen und stellen als ein Mensch, der gern wollte mit Gott recht stehen. Je mehr nun solches geschieht, je mehr das Herz erwärmt und entzündet wird, dass es nicht gar erkalte.

Sprichst du aber: Wie denn, wenn ich fühle, dass ich nicht geschickt bin? Antwort: Das ist meine Anfechtung auch, sonderlich aus dem alten Wesen her unter dem Papst, da man sich so zermartert hat, dass man ganz rein wäre und Gott kein Tädlein an uns fände; davon wir so schüchtern davor geworden sind, dass flugs sich jedermann entsetzt und gesagt hat: weh, du bist nicht würdig. Denn da hebt Natur und Vernunft an zu rechnen unsere Unwürdigkeit gegen das große, teuere Gut, da findet sichs denn als eine finstere Laterne gegen die lichte Sonne oder Mist gegen Edelsteine, und weil sie solches sieht, will sie nicht hinan und harrt, bis sie geschickt werde, so lange, dass eine Woche die andere und ein halbes Jahr das andere bringt. Aber wenn du das willst ansehen, wie fromm und rein du seist, und darnach arbeiten, dass dich nichts beiße, so musst du nimmermehr hinzukommen. Derhalben soll man hier die Leute unterscheiden. Denn was freche und wilde sind, denen soll man sagen, dass sie davonbleiben; denn sie sind nicht geschickt, Vergebung der Sünde zu empfangen, als die sie nicht begehren und ungern wollten fromm sein. Die andern aber, so nicht solche rohe und lose Leute sind und gern fromm wären, sollen sich nicht davon sondern, ob sie gleich sonst schwach und gebrechlich sind. Wie auch S. Hilarius gesagt hat: Wenn eine Sünde nicht also getan ist, dass man jemand billig aus der Gemeinde stoßen und für einen Unchristen halten kann, soll man nicht vom Sakrament bleiben, auf dass man sich nicht des Lebens beraube. Denn so weit wird niemand kommen, dass er nicht viel täglicher Gebrechen im Fleisch und Blut behalte.

Darum sollen solche Leute lernen, dass die höchste Kunst ist, dass man wisse, dass unser Sakrament steht nicht auf unserer Würdigkeit. Denn wir lassen uns nicht taufen, als die würdig und heilig sind, kommen auch nicht zur Beichte, als seien wir rein und ohne Sünde, sondern das Widerspiel, als arme, elende Menschen, und eben darum, dass wir unwürdig sind; es wäre denn ein solcher, der keine Gnade und Absolution begehrt noch sich dächte zu bessern. Wer aber gern wollte Gnade und Trost haben, soll sich selbst treiben und niemand davon schrecken lassen und also sprechen: Ich wollte wohl gern würdig sein, aber ich komme auf keine Würdigkeit, sondern auf dein Wort, dass du es befohlen hast, als der gern dein Jünger wäre; meine Würdigkeit bleibe, wo sie kann. Es ist aber schwer, denn das liegt uns immer im Wege und hindert, dass wir mehr auf uns selbst denn auf Christi Wort und Mund sehen. Denn die Natur wollte gerne so handeln, dass sie gewiß auf sich selbst möchte fußen und stehen, wo nicht, so will sie nicht hinan. Das sei genug vom ersten Stück.

Zum andern ist über das Gebot auch eine Verheißung, wie auch oben gehört, die uns aufs allerstärkste reizen und treiben soll; denn da stehen die freundlichen, lieblichen Worte: „das ist mein Leib, FÜR EUCH gegeben", „ das ist mein Blut, FÜR EUCH vergossen zur Vergebung der Sünden". Diese Worte, habe ich gesagt, sind keinem Stock noch Stein gepredigt, sondern mir und dir, sonst möchte er eben so mehr stillschweigen und kein Sakrament einsetzen; darum denke und bringe dich auch in das „euch", dass er nicht umsonst mit dir rede.

Denn da bietet er uns an alle den Schatz, so er uns vom Himmel gebracht hat, dazu er uns auch sonst lockt aufs allerfreundlichste, als da er spricht Mt 11,28: Kommt her zu mir alle, die ihr mühselig und beladen seid, ich will euch erquicken. Nun ists je Sünde und Schande, dass er uns so herzlich und treu fordert und vermahnt zu unserm höchsten und besten Gut, und wir uns so fremd dazu stellen und so lange hingehen, bis wir gar erkalten und verhärten, dass wir keine Lust noch Liebe dazu haben. Man muss je das Sakrament nicht ansehen als ein schädliches Ding, dass man davor laufen solle, sondern als eitel heilsame, tröstliche Arznei, die dir helfe und das Leben gebe, - beide, an Seele und Leib. Denn wo die Seele genesen ist, da ist dem Leibe auch geholfen. Wie stellen wir uns denn dazu, als sei es ein Gift, daran man den Tod fresse? Das ist wohl wahr, dass, die es verachten und unchristlich leben, nehmens sich zum Schaden und Verdammnis, denn solchen soll nichts gut noch heilsam sein, eben als einem Kranken, der aus Mutwillen isst und trinkt, das ihm vom Arzt verboten ist. Aber die, so ihre Schwachheit fühlen und ihrer gern los wären und Hilfe begehren, sollens nicht anders ansehen und brauchen denn als ein köstlich Theriak wider das Gift, so sie bei sich haben. Denn hier sollst du im Sakrament empfangen aus Christi Mund Vergebung der Sünde, welche bei sich hat und mit sich bringt Gottes Gnade und Geist, mit allen seinen Gaben, Schutz, Schirm und Gewalt wider Tod und Teufel und alles Unglück.

Also hast du von Gottes wegen beides, des Herrn Christi Gebot und Verheißung; zudem soll dich deinethalben treiben deine eigene Not, so dir auf dem Hals liegt, um welcher willen solches Gebieten, Locken und Verheißen geschieht. Denn er spricht selbst: Die Starken bedürfen des Arztes nicht, sondern die Kranken, das ist, die mühselig und beschwert sind mit Sünde, Furcht des Todes, Anfechtung des Fleisches und Teufels. Bist du nun beladen und fühlst deine Schwachheit, so gehe fröhlich und lasse dich erquicken, trösten und stärken. Denn willst du harren, bis du solches loswerdest, dass du rein und würdig zum Sakrament kommest, so musst du ewig davonbleiben; denn da fällt er das Urteil und spricht: Bist du rein und fromm, so bedarfst du meiner nichts und ich deiner wieder nichts. Darum heißen die allein unwürdig, die ihr Gebrechen nicht fühlen noch wollen Sünder sein.

Sprichst du aber: Wie soll ich ihm denn tun, wenn ich solche Not nicht fühlen kann noch Hunger und Durst zum Sahrament empfinden? Antwort: Denselbigen, die so gesinnt sind, dass sie sich nicht fühlen, weiß ich keinen besseren Rat, denn dass sie doch in ihren Busen greifen, ob sie auch Fleisch und Blut haben. Wo du denn solches findest, so gehe doch dir zu gut in S. Pauli Epistel zu den Galatern und höre, was dein Fleisch für ein Früchtlein sei: Offenbar sind aber (spricht er) die Werke des Fleisches, als da sind: Ehebruch, Hurerei, Unreinigkeit, Geilheit, Abgötterei, Zauberei, Feindschaft, Hader, Eifer, Zorn, Zank, Zwietracht, Sekten, Hass, Mord, Saufen, Fressen und dergleichen. Derhalben, kannst du es nicht fühlen, so glaube doch der Schrift, die wird dir nicht lügen, als die dein Fleisch besser kennt denn du selbst. ja, weiter schließt S. Paulus Röm. 7,18: Denn ich weiß, dass in mir, das ist in meinem Fleisch, wohnt nichts Gutes. Darf S. Paulus solches von seinem Fleisch reden, so wollen wir auch nicht besser noch heiliger sein. Dass wirs aber nicht fühlen, ist soviel desto ärger; denn es ist ein Zeichen, dass ein aussätziges Fleisch ist, das da nichts empfindet und doch wütet und um sich frisst. Doch wie gesagt, bist du so gar erstorben, so glaube doch der Schrift, so das Urteil über dich spricht. Und Summa, je weniger du deine Sünde und Gebrechen fühlst, je mehr Ursache hast du hinzugeben, Hilfe und Arznei zu suchen.

Zum andern: Siehe dich um, ob du auch in der Welt seiest; oder weißt dus nicht, so frage deine Nachbarn darum. Bist du in der Welt, so denke nicht, dass es an Sünden und Not werde fehlen. Denn fange nur an und stelle dich, als wolltest du fromm werden und beim Evangelio bleiben, und siehe zu, ob dir niemand werde feind werden, dazu Leid, Unrecht, Gewalt tun, weiter zu Sünden und Untugend Ursache geben. Hast du es nicht erfahren, so lass dirs die Schrift sagen, die der Welt allenthalben solchen Preis und Zeugnis gibt. Über das wirst du ja auch den Teufel um dich haben, welchen du nicht wirst gar unter dich treten, weil es unser Herr Christus selbst nicht hat umgehen können. Was ist nun der Teufel? Nichts anderes, denn wie ihn die Schrift nennt: ein Lügner und ein Mörder, ein Lügner, das Herz zu verführen von Gottes Wort und verblenden, dass du deine Not nicht fühlst noch zu Christo kommen könntest; ein Mörder, der dir keine Stunde das Leben gönnt. Wenn du sehen solltest, wie viel Messer, Spieße und Pfeile alle Augenblick auf dich gezielt werden, du solltest froh werden, so oft du könntest zu dem Sakrament zu kommen. Dass man aber so sicher und unachtsam dahingeht, macht nichts anders denn dass wir nicht denken noch glauben, dass wir im Fleische und der bösen Welt oder unter des Teufels Reich seien.

Darum versuche und übe solches wohl und gehe nur in dich selbst oder siehe dich ein wenig um und halte dich nur an die Schrift. Fühlst du alsdann auch nichts, so hast du desto mehr Not zu klagen, beiden, Gott und deinem Bruder. Da lass dir raten und für dich bitten und lasse nur nicht ab so lange, bis der Stein von deinem Herzen komme, so wird sich die Not wohl finden und du gewahr werden, dass du zweimal tiefer liegst denn ein anderer armer Sünder und des Sakraments viel mehr bedürfest wider das Elend, so du leider nicht siehst, ob Gott Gnade gebe, dass du es mehr fühlst und je hungriger dazu würdest, sonderlich weil dir der Teufel so zusetzt und ohne Unterlass auf, dich hält, wo er dich erhasche und bringe dich um Seele und Leib, dass du keine Stunde vor ihm sicher sein kannst. Wie bald möchte er dich plötzlich in Jammer und Not gebracht haben, wenn du dichs am wenigsten versiehst?

Solches sei nur zur Vermahnung gesagt nicht allein für uns Alte und Große, sondern auch für das junge Volk, so man in der christlichen Lehre und Verstand aufziehen soll; denn damit könnte man desto leichter die zehn Gebote, Glauben und Vaterunser in die Jugend bringen, dass es ihnen mit Lust und Ernst eingingе und also von Jugend auf übten und sich gewöhnten. Denn es ist doch nun fast mit den Alten geschehen, dass man solches und anders nicht erhalten kann, man ziehe denn die Leute auf, so nach uns kommen sollen und in unser Amt und Werk treten, auf dass sie auch ihre Kinder fruchtbarlich erziehen, damit Gottes Wort und die Christenheit erhalten werde. Darum wisse ein jeglicher Hausvater, dass er aus Gottes Befehl und Gebot schuldig ist, seine Kinder solches zu lehren oder lernen lasse, was sie können sollen. Denn weil sie getauft sind und in die Christenheit aufgenommen, sollen sie auch solcher Gemeinschaft des Sakraments genießen, auf dass sie uns mögen dienen und nütze werden, denn sie müssen uns doch helfen glauben, lieben, beten und wider den Teufel fechten. Folget eine Vermahnung zu der Beicht:

EINE KURZE VERMAHNUNG ZU DER BEICHT

Von der Beichte haben wir allzeit so gelehrt, dass sie solle frei sein, und des Papstes Tyrannei niedergelegt, dass wir alle seines Zwanges los sind und befreit von der unerträglichen Bürde und Last, die der Christenheit aufgelegt ist.

Denn bisher ist kein schwerer Ding gewesen, welches wir alle versucht haben, als dass man jedermann zur Beichte gezwungen hat bei der höchsten Todsünde, dazu dasselbige so hoch beschweret hat und die Gewissen gemartert mit so mancherlei Sünden zu erzählen, dass niemand hat können rein genug beichten. Und das das Ärgste gewesen ist, dass niemand gelehret noch gewusst hat, was die Beichte wäre oder wie nutz und tröstlich, sondern haben eitel Angst und Höllenqualen draus gemacht, dass man´s hat tun müssen und doch keinem Ding so feind ist gewesen. Diese drei Stück sind uns nun abgenommen und geschenkt, dass wir's aus keinem Zwang noch Furcht dürfen tun, auch der Qual entledigt sind, die Sünde alle genau aufzuzählen. Zudem haben wir den Vorteil, dass wir wissen wie wir sie zur Seligkeit gebrauchen sollen zum Trost und Stärkung unseres Gewissens.

Aber solches kann nun jedermann und haben's leider allzu gründlich gelernt, dass sie tun, was sie wollen, und diese Freiheit verstehen, als sollten oder dürften sie nie mehr beichten.Denn das hat man bald begriffen, was uns besonders wohltut, und über die Maßen leicht eingeht, wo das Evangelium (beonders) sanft und weich ist. Aber solche Säu (habe ich gesagt) sollten nicht bei dem Evangelium sein noch etwas davon haben, sondern unter dem Papst bleiben und sich treiben und plagen lassen, indem sie beichten müßten, fasten etc. mehr als je zuvor. Denn wer das Evangelium nicht glauben, noch darnach leben will und tun, was ein Christ tun soll, der soll es auch nicht genießen. Was wäre das, dass Du nur Nutzen haben wolltest und nichts dazu tun noch darauf irgendeine Mühe wenden? Darum wollen wir solchen nichts gepredigt haben, auch nach unserem Willen nichts von unserer Freiheit zugestehen noch einen Nutzen haben lassen, sondern wieder den Papst oder seinesgleichen über sie (kommen/regieren) lassen, der sie zwinge wie ein rechter Tyrann. Denn es gehöret doch unter den Pöbel, der dem Evangelium nicht gehorchen will, nichts anderes als ein solcher Stockmeister, der Gottes Teufel und Henker sei. Den anderen aber, die ihn gerne sagen lassen, müssen wir immer predigen, anhalten, reizen und locken, dass sie solchen teuren und tröstlichen Schatz, durchs Evangelium vorgetragen, nicht umsonst hingehen lassen. Darum wollen wir auch von der Beicht etwas reden, um die Einfältigen zu unterrichten und zu vermahnen.

Zum ersten habe ich gesagt, dass außer diese Beicht, von der wir hier reden, es noch zweierlei Beichte gibt, die eher heißen mögen ein allgemeines Bekenntnis aller Christen, nämlich, wenn man Gott selbst allein oder dem Nächsten allein beichtet und um Vergebung bittet, welche auch im Vaterunser gefasst sind, wenn wir sprechen: „Vergib uns unsere Schuld, wie wir vergeben unseren Schuldigern" etc.

Ja, das ganze Vaterunser ist nichts anderes als eine solche Beichte. Denn was ist unser Gebet (anderes), als dass wir bekennen, was wir nicht haben noch tun, was wir schuldig sind, und begehren Gnade und ein fröhliches Gewissen? Solche Beicht soll und muss ohn Unterlass geschehen, solang wir leben. Denn darin besteht eigentlich ein christliches Wesen, dass wir uns als Sünder erkennen und um Gnade bitten.

Ganz genau so die andere Beicht, welche ein Jeglicher vor seinem Nächsten tut, - die ist auch ins Vaterunser eingebunden, dass wir untereinander unsere Schuld beichten und vergeben, ehe wir vor Gott kommen und um Vergebung bitten. Nun sind wir allesamt alle untereinander schuldig, darum sollen und müssen wir wohl öffentlich vor jedermann beichten und darf keiner den anderen scheuen. Denn es geht wie im Sprichwort: „Ist einer fromm, so sind sie es alle.", und tut keiner Gott und dem Nächsten, was er soll. Doch ist neben der allgemeinen Schuld auch eine besondere, wenn einer einen andern erzürnt hat, damit er es diesem abbitte. Also haben wir im Vaterunser zwei Absolutionen: Dass uns vergeben ist, was wir verschuldet haben gegen beide, Gott und den Nächsten, wenn wir dem Nächsten vergeben und uns mit ihm versöhnen.

Außer solcher öffentlichen, täglichen und nötigen Beichte gibt es nun diese vertrauliche (heimliche) Beichte, welche zwischen einem Bruder allein geschieht, und dazu dienen soll, wenn uns etwas besonders beschäftigt oder anficht, womit wir uns herumschlagen und nicht zufrieden sein können, uns auch im Glauben nicht stark genug finden, dass wir solches einem Bruder klagen, Rat, Trost und Stärke zu holen, wann und sooft wir wollen.

Denn es ist nicht in ein Gebot gefasst, wie jene zwei, sondern einem jeglichen, der es braucht, anheim gegeben, dass er´s, wenn nötig gebrauche.

Und das kommt daher und ist geordnet, weil Christus selbst die Absolution seiner Christenheit in den Mund gelegt und befohlen hat, uns von den Sünden zu lösen. Wo nun ein Herz ist, das seine Sünde fühlt und Trost begehrt, hat es hier eine sichere Zuflucht, in der es Gottes Wort findet und hört, dass ihn Gott durch einen Menschen von Sünden entbindet und losspricht.

So merke nun, wie ich oft gesagt habe, dass die Beichte aus zwei Stücken besteht.

Das erste ist unser Werk und Tun, dass ich meine Sünde klage und begehre Trost und Erquickung meiner Seele.

Das andere ist ein Werk, das Gott tut, der mich durch das Wort, dem Menschen in den Mund gelegt, losspricht von meinen Sünden, welches auch das Vornehmste und Edelste ist, da es lieblich und tröstlich machet. Nun hat man bisher allein unser Werk hervorgehoben und nicht weiter gedacht als dass wir nur ja säuberlich gebeichtet hätten, und das nötigste andere Stück nicht geachtet und gepredigt, geradeso als wäre es für sich allein ein gutes Werk, mit dem man Gott bezahlen sollte, und wo die Beichte nicht vollkommen und auf das allergenaueste getan werde, sollte die Absolution nicht gelten und die Sünde nicht vergeben sein. Damit hat man die Leute soweit getrieben, dass jedermann verzweifelt sein musste (über der Aufgabe), so rein zu beichten (wie es gar nicht möglich war) und kein Gewissen hat zur Ruhe kommen mögen, noch auf die Absolution vertrauen können. Auf diese Weise haben sie uns die liebe Beichte nicht nur unnütz, sondern auch schwer und sauer gemacht mit merklichem Schaden und Verderben für die Seele.

Darum sollen wir es so ansehen, dass wir die zwei Stück weit voneinander scheiden und setzen und unser Werk gering, aber Gottes Wort hoch und groß achten und nicht hingehen, als wollten wir ein köstlich Werk tun und ihm geben, sondern nur von ihm nehmen und empfangen. Du darfst nicht kommen und sagen, wie krumm oder böse Du bist. Bist Du ein Christ, so weiß ich´s ohnehin, bist Du keiner, so weiß ich´s noch viel mehr.

Vielmehr darum geht es, dass Du Deine Not klagst und Dir helfen und ein fröhlich Herz und Gewissen machen lässt.

Dazu darf Dich niemand mit Geboten dringen, sondern wir sagen so: Wer ein Christ ist oder gerne sein wollte, der hat hier einen treuen Rat, hinzugehen und den köstlichen Schatz zu holen. Bist Du kein Christ oder begehrst Du solchen Trost nicht, so überlassen wir Dich dem Zwang eines anderen. Damit heben wir nun des Papstes Tyrannei, Gebot und Zwang insgesamt auf, da wir sie nirgends zu brauchen, denn wir lehren (wie gesagt) also: Wer nicht willig und um der Absolution willen zur Beicht geht, der lasse es bleiben. Ja, wer auch hingeht wegen seines Werkes, wie rein er seine Beicht getan habe, der bleibe nur fort. Wir vermahnen aber, Du sollst beichten und Deine Not nicht deswegen anzeigen, dass Du es als ein Werk tust, sondern hörst, was Gott Dir sagen lässt. Das Wort, sage ich, oder Absolutio sollst Du ansehen, groß und teuer achten wie einen trefflichen großen Schatz, der mit allen Ehren und Dank anzunehmen ist.

Wenn man solches ausführlich darlegte und dazu die Not anzeige, welche uns dazu bewegen und reizen sollte, bräuchte man nicht viel zu nötigen oder zu zwingen, - sein eigen Gewissen würde einen jeglichen wohl treiben und so bange machen, dass er seines Gewissens froh würde und wie ein armer elender Bettler täte, der hört, dass man an einem Ort eine reiche Spende, Geld oder Kleider austeilt: Da bräuchte man keinen Büttel, der ihn triebe und schlüge, er würde wohl selbst laufen aus Leibeskräften, damit er nichts versäumt. Wenn man nun ein Gebot daraus machte, dass alle Bettler dahin laufen sollten, ohne Angabe von Gründen, und verschwiege außerdem, was man da suchen und holen sollte, was wäre das anders, als das man hinginge mit Unlust und nicht daran dächte, etwas zu holen, sondern nur sich sehen zu lassen als ein armer und elender Bettler? Daraus würde man nicht viel Freude oder Trost schöpfen, sondern nur dem Gebot umso feindlicher werden.

Genauso haben bisher die Prediger des Papstes dieses treffliche reiche Almosen und unaussprechlichen Schatz verschwiegen und nur mit Haufen hingetrieben zu nichts anderem, als dass man sähe wie unreine und unflätige Leute wir sind.

Wer konnte da gerne zur Beicht gehen?

Wir aber sagen nicht, dass man sehen solle, wie voll Unflats Du bist, und sich darin spiegeln, sondern raten und sagen: Bist Du arm und elend, so gehe hin und gebrauche die heilsame Arznei. Wer nun sein Elend und Not fühlt, wird wohl ein solches Verlangen darnach kriegen, dass er mit Freuden hinzulaufe. Welche es aber nicht achten und von selbst kommen, die lassen wir auch gehen. Sie sollen aber wissen, dass wir sie nicht für Christen halten.

So lehren wir nun, wie trefflich, köstlich und tröstlich Ding es ist um die Beichte, und vermahnen dazu, dass man solch teuer Gut nicht verachte angesichts unserer großen Not. Bist Du aber ein Christ, so bedarfst Du wiederum meines Zwanges noch des Papstes Gebot in keiner Weise, sondern wirst Dich wohl selbst zwingen und mich darum bitten, dass Du solches haben kannst.

Willst Du es aber verachten und so stolz ohne Beichte hingehen, so fällen wir das Urteil, dass Du kein Christ bist und auch das Sakrament nicht genießen sollst. Denn Du verachtest, was kein Christ verachten soll und machst damit, dass Du keine Vergebung der Sünde haben kannst. Und dies ist ein sicheres Zeichen, dass Du auch das Evangelium verachtest.

Summa, wir wollen von keinem Zwang wissen. Wer aber unsere Predigt und Vermahnung nicht hört noch sie befolgt, mit dem haben wir nichts zu schaffen und soll auch nichts von dem Evangelium haben. Wärst Du ein Christ, so solltest Du froh werden, dass Du gleich über hundert Meilen danach laufen möchtest und Dich nicht nötigen lässt, sondern kommst und uns zwingst. Denn da muss der Zwang umgekehrt werden, dass wir ins Gebot und Du in die Freiheit kommst; wir drängen niemand, sondern erdulden, dass man zu uns dringet, gleichwie man uns verpflichtet, dass wir predigen und das Sakrament reichen müssen.

Darum, wenn ich zur Beichte vermahne, tue ich nichts anderes, als dass ich vermahne, ein Christ zu sein. Wenn ich Dich dahin bringe, so habe ich Dich auch wohl zur Beicht gebracht. Denn welche danach verlanget, dass sie gerne fromme Christen und ihrer Sünde ledig wären und fröhliche Gewissen haben wollten, die haben schon den rechten Hunger und Durst, dass sie nach dem Brot schnappen, so wie ein gejagter Hirsch durch Hitze und Durst entbrennt, wie der 42.Psalm sagt: „Wie der Hirsch schreiet nach den Wasserbächen, so schreiet meine Seele, Gott, zu Dir", das ist, wie ein solcher sich sehnt und bangt nach einem frischen Quell, so angst und bange ist mir nach Gottes Wort oder Absolution und Sakrament etc. Siehe, das wäre recht von der Beicht gelehret, wenn man Lust und Liebe dazu machen könnte, dass die Leute herzukämen und uns nachliefen, mehr als wir gerne hätten. Die Papisten lassen wir plagen sich und andere Leute, welche solchen Schatz nicht achten und vor sich selbst zuschließen. Uns aber lasset die Hände aufheben, Gott loben und danken, dass wir zu solcher Erkenntnis und Gnade gekommen sind.

..

www.ingramcontent.com/pod-product-compliance
Lightning Source LLC
Chambersburg PA
CBHW061331040426
42444CB00011B/2866